Auroville reflektiert

Bindu Mohanty

Acknowledgements

All texts are the copyright of the Sri Aurobindo Ashram Trust, Pondicherry, with the exception of the texts from Mother's Agenda.

Auroville Reflected (German)
Copyright : Prisma, Auroville
Author : Bindu Mohanty

First edition 2013

ISBN 978-93-95460-72-9 (Paperpack)
ISBN 978-93-95460-60-6 (ebook)

BISAC Code:
HIS048000, HISTORY / Asia / Southeast Asia
LCO010000, LITERARY COLLECTIONS / Essays
REF000000, REFERENCE / General
LCO022030, LITERARY COLLECTIONS / Subjects & Themes / Places *

Thema Subject Category:
QDHC2, . oga (as a philosophy)
1FKA-IN-L, Southern India
1FKA-IN-LG, Puducherry
JHMC, Social and cultural anthropology

Cataloging-in-Publication Data for this title is available from the Library of Congress.

Published by:
PRISMA, an imprint of Digital Media Initiatives
PRISMA, Aurelec / Prayogshala,
Auroville 605101, Tamil Nadu, India
www.prisma.haus

*In Dankbarkeit
all jenen gegenüber,
die geholfen haben
Auroville zu bauen*

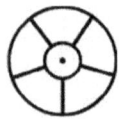

Die Auroville Charta

Auroville gehört niemandem im Besonderen. Auroville gehört der ganzen Menschheit. Aber um in Auroville zu leben, muss man bereit sein, dem Göttlichen Bewusstsein zu dienen.

Auroville wird der Ort einer niemals endenden Erziehung sein, eines immerwährenden Fortschritts und einer Jugend, die niemals altert.

Auroville möchte die Brücke sein zwischen der Vergangenheit und der Zukunft. Indem es sich alle äußeren wie inneren Entdeckungen zunutze macht, wird Auroville zukünftigen Realisationen kühn entgegeneilen.

Auroville wird ein Ort materieller und spiritueller Forschung sein, für eine lebendige Verkörperung einer wahren menschlichen Einheit.

28. Februar 1968

Der Banyan Tree im Zentrum von Auroville im Jahr 1968

Vorwort
Auroville im Kontext der Evolution

Wir können Auroville nur in dem Maße kennen, wie wir im Kontakt mit dem göttlichen Wesen in unseren eigenen Tiefen sind. Daher hat es auch keinen Zweck, Auroville „zu erklären", denn tief drinnen kennst du es; das Wissen mag lediglich verhüllt sein. Doch das ist dein Problem, das auf deine eigene Weise, in deinem eigenen Yoga ausgearbeitet werden muss.

Ruud Lohmann 1939 – 1986, ein Aurovilianer

Wie ein riesiger Banyanbaum in einem winzigen Samenkorn schläft, so ist das Ideal Aurovilles eingebettet in die Evolution des Lebens. Jedes Kind wird damit geboren, jede spirituelle Tradition bezieht sich darauf und die ewige Weisheit der Menschheit sucht danach. Das Ideal Aurovilles ist nicht privat, ist nicht sektiererisch, es gehört allen; es ist universell. Der Stadtentwurf Aurovilles hat die Form unserer Galaxie. Auroville ist ein lebendiges Symbol unserer kosmischen Realität.

Das Samenkorn Aurovilles liegt im ursprünglichen Impuls der Evolution: im unerbittlichen Drang zum Ausdruck durch die Natur. Eine derartige Kosmologie reicht 13,7 Milliarden Jahre zurück, wie die Wissenschaft heute weiß; für den Zweck dieser Untersuchung müssen wir den Blick jedoch nur bis auf das

◄ *Der Banyan Baum 50 Jahre später*

Heraufdämmern des zwanzigsten Jahrhunderts zurückwerfen, als gewisse historische Veränderungen sichtbar wurden.

1893 hat Swami Vivekananda gerade das erste Parlament der Weltreligionen mit einer universellen Botschaft für die Menschheit in seinen Bann geschlagen. Der industrielle Aufschwung verspricht, materiellen Wohlstand für alle zu garantieren. Die Wissenschaft erwartet, die Lösung für Krankheit und praktisch alles andere zu besitzen. Der Optimismus steigt an gegen die alten Gezeiten von Armut, Hunger, Krankheit, Unwissenheit und Krieg.

Im frühen zwanzigsten Jahrhundert trieben zwei einzigartige Individuen den Menschheitsimpuls zur Evolution voran, was schließlich zur Gründung Aurovilles, die „Stadt, die die Erde braucht", führte: Aurobindo Ghose, ausgerüstet mit einer in Cambridge genossenen Erziehung, der gerade in sein Geburtsland Indien zurückgekehrt und entschlossen war, seine Heimat von der Tyrannei des Britischen Empires zu befreien; Mirra Alfassa, eine Künstlerin und Intellektuelle, die ihre spirituelle Begabung nutzte, um über ihre französische Kultur hinauszuwachsen. Ihre Vision von einer Zukunft, die auf der menschlichen Einheit und dem Erscheinen einer neuen Menschheit basiert, hatte sie bereits verschiedenen Gruppen in Europa mitgeteilt.

Aurobindo Ghose wurde für die Briten zum „gefährlichsten Mann Indiens". Im Namen der Krone ins Gefängnis geworfen, hatte er dort tiefgreifende spirituelle Erfahrungen. Nach seiner Freilassung kehrte er Britisch Indien den Rücken und ließ sich im französischen Territorium Pondicherry nieder. In dieser stillen Hafenstadt erkannte er, dass seine politische Aktivität die Befreiung Indiens unvermeidlich gemacht hatte, während nun eine viel waghalsigere Mission seine Aufmerksamkeit forderte. Er schreibt: „Das Hauptziel meines Yogas ist es, absolut und vollständig jede mögliche Quelle von Irrtum und Ineffektivität zu beseitigen... damit die Arbeit an der Veränderung der Welt...

vollkommen siegreich und unwiderstehlich werden kann."[1]

Mirra Alfassa erreichte Pondicherry zusammen mit ihrem Ehemann, einem politisch engagierten Philosophen, der mit Sri Aurobindo in Korrespondenz gestanden hatte. Sie erkannte Aurobindo als die Verkörperung einer Person, die sie bereits in ihren Visionen gesehen hatte. „Wir standen Seite an Seite und schauten aus dem offenen Fenster und fühlten dann gemeinsam, in exakt demselben Augenblick, ‚jetzt wird die Verwirklichung vollendet werden'... Von jenem Moment an gab es nichts mehr zu sagen – keine Worte, nichts. Wir wussten..."[2] Was eine visionäre Erfahrung gewesen war, wurde nun zu einer existenziellen Tatsache.

Diese beiden spirituellen Meister begannen also, das Ideal in einen konkreten Plan umzuwandeln. Mirra Alfassa sollte später erklären: „Auroville möchte die erste Verwirklichung der menschlichen Einheit sein..."[3] Doch zunächst wurde Aurobindo Ghose zu Sri Aurobindo, als er zögernd erlaubte, dass sich ein nicht-traditioneller Ashram um ihn herum bildete. Er betraute Mirra Alfassa mit dessen Organisation und bestätigte die Anerkennung ihres spirituellen Status' als „die Mutter." In Einklang mit der vedischen Tradition verkörpert die Mutter die Kräfte der universellen Mutter: Stärke (Mahakali), Schönheit (Mahalakshmi), Weisheit (Maheswari) und Perfektion in den Werken (Mahasaraswati). Die Mutter übernahm die Verantwortung für den Ashram und Sri Aurobindo zog sich zurück, um Bücher zu schreiben und die Verwirklichung des Ideals „herunterzubringen", während er gleichzeitig eine enorme Menge an Korrespondenz mit seinen Schülern bewältigte.

Der Optimismus jenes neuen Jahrhunderts verflüchtigte sich schnell, als plötzlich der Krieg Europa überschattete. Die Verwüstungen zweier Weltkriege und danach eines Kalten

---

1 Sri Aurobindo Birth Centenary Library (SABCL) Band 26: 423-424.
2 Mother's Agenda, Band 2: 405-6.
3 Collected Works of the Mother (CWM) Band 13, 1978: 221.

Krieges mit der Bedrohung einer nuklearen Vernichtung wurden zum bitteren Vermächtnis des zwanzigsten Jahrhunderts. Wissenschaft und Kapitalismus profitierten, doch das Ideal der menschlichen Einheit verblasste, als Materialismus und Konsumdenken zu Göttern wurden. Angetrieben vor allem von der Gier in ihren vielen Spielarten erreichte die erste Hälfte des zwanzigsten Jahrhunderts technologische Durchbrüche ohne damit einhergehende soziale und spirituelle Fortschritte. In der Mitte des Jahrhunderts starb Sri Aurobindo und „das Werk" wurde von der Mutter weitergeführt.

In den frühen sechziger Jahren brachte die kubanische Raketenkrise die Vereinigten Staaten und Russland an den Rand eines nuklearen Krieges. Die Mutter handelte sofort und unterbreitete einen Plan für ein „internationales Zentrum", um „den Bemühungen für eine Transformation ohne Gewalt einen konkreten Ausdruck zu geben." Eine positive Antwort kam sowohl von Kennedy als auch von Chruschtschow.[4] Premierminister Nehru hatte den amerikanischen und den russischen Botschafter zu einem Treffen eingeladen, um ihnen diesen Plan vorzustellen. Doch dann wurde Kennedy ermordet und Chruschtschow gestürzt. Schließlich war es die UNESCO, die Auroville aktiv unterstützte und dies auch weiterhin tut. M.S. Adiseshiah, der stellvertretende Generaldirektor der UNESCO, sagte bei der Gründungsfeier Aurovilles am 28. Februar 1968: „Wir haben es in der UNESCO versucht... wir haben es auf jede mögliche Art und Weise versucht und wir sind gescheitert. So wenden wir uns nun Auroville zu und seinem Fundament, das die menschliche Einheit [ist] ... eine Hoffnung für uns alle, insbesondere für unsere Kinder..."[5]

Die Gründung Aurovilles 1968 beflügelte die Fantasie vieler

---

4   Mother's Agenda Band 5: 28-9.
5   Sullivan, W. M., The Dawning of Auroville, 1992: 23

Menschen auf der ganzen Welt. Nahezu Viertausend strömten zur Gründungsfeier, die in einem erdbraunen Amphitheater auf einem staubigen Plateau stattfand – staubig und kahl, außer einem einsamen Banyanbaum, der das Zentrum der zukünftigen Stadt bilden sollte. Als Symbol für das Ideal der menschlichen Einheit war eine marmorverkleidete Urne in Form einer Lotusknospe im Amphitheater errichtet worden, um jeweils eine Handvoll Erde aufzunehmen, die aus den Ländern der Welt und den Bundesstaaten Indiens herbeigebracht worden waren. Während zwei junge Repräsentanten eines jeden Landes ihre Erde in die Urne legten, sandte *All India Radio* live die Stimme der Mutter in alle Welt, wie sie die Charta Aurovilles in ihrem Zimmer in Pondicherry verlas.

Ein paar wenige Pioniere zogen auf das staubige Plateau, um die der menschlichen Einheit geweihte Stadt zu erbauen. Es sollten gewaltigen Anstrengungen notwendig sein, damit auch nur irgendetwas an diesem unwirtlichen Ort Wurzeln schlagen konnte und dieses Fleckchen Erde wieder bewohnbar wurde. Fünfzig Jahre später, nachdem Millionen von Bäumen gepflanzt und Maßnahmen zur Erosionskontrolle umgesetzt worden waren, wurde die Transformation für jedermann sichtbar.

Nicht für jedermann greifbar ist das, was unsichtbar ist und was viele noch nicht einmal verstanden haben. Gerade dort wird Bindu Mohantys präzise Darstellung so wesentlich und wertvoll. Nicht jeder realisiert, dass die gegenwärtige Bedeutung und Begründung Aurovilles ihren Keim im Werk von Sri Aurobindo und der Mutter hat. Keinen Zugang zu dieser Tatsache zu haben, bedeutet jedoch, den eigentlichen Punkt eines „warum Auroville?" zu verfehlen. Durch ihre Forschung und Erfahrung eröffnet Bindu einen prägnanten, gut verständlichen Zugang zu jenem weiten yogisch-philosophischen Panorama. Ihr Beitrag sollte unbedingt von all jenen gelesen werden, die bisher nicht das Glück hatten, den durch Sri Aurobindo und die Mutter für die Evolution der menschlichen Spezies gegebenen

Hintergrund kennenzulernen. Das grundlegende Verständnis von Sri Aurobindos „Ebenen und Teile des Wesens," zum Beispiel, eröffnet sowohl den Zugang zur Methode als auch zur Universalität des Integralen Yoga. Mutters Offenbarung des Bewusstseins der Zellen in ihrem eigenen Körper und ihre Vision von der Verankerung dieses Bewusstseins in der „Materie", in einer „Stadt" transformierter Wesen, die in menschlicher Einheit leben, wird hier deutlich gemacht. Was in Aurovilles „Labor der Evolution" tatsächlich passiert, vor dem Hintergrund der Vision und des Traums, wird ebenfalls auf geschickte Weise dargelegt und fesselt den Leser, der, wie wir alle, Teil dieses einzigartigen Abenteuers ist.

B (William Sullivan)
12/12/2017

Inhalt

Vorwort: Auroville im Kontext der Evolution   7

Ein kurzer Blick auf Auroville   15

Ein Schmelztiegel des Integralen Yoga   20

Auroville als „Eine Stadt, die die Erde braucht"   47

Ein kurzer Blick auf Auroville

Am 28. Februar 1968 legten junge Repräsentanten von 124 Nationen aus aller Welt sowie aus allen indischen Bundesstaaten jeweils eine Handvoll Erde in eine lotusförmige Urne. So gründeten sie Auroville symbolisch als Stadt der menschlichen Einheit. Menschen, die guten Willens sind, wurden aus aller Welt eingeladen, sich Auroville anzuschließen. Von der UNESCO und der indischen Regierung seit Beginn unterstützt, hat Auroville heute etwa 2800 Einwohner aus 54 Ländern. Etwa 45% seiner Bewohner stammen aus Indien. Tausende Besucher, Studenten und Gäste kommen jedes Jahr nach Auroville. Dreizehn Dörfer des indischen Bundesstaates Tamil Nadu liegen in der unmittelbaren Bioregion Aurovilles. Ihre Bevölkerung von etwa 40 000 Menschen nimmt direkt oder indirekt am Auroville-Experiment teil.

In den vergangenen fünfzig Jahren hat Auroville eine grundlegende Infrastruktur aufbauen können und bietet in über 100 Siedlungen Unterkunft für seine Bewohner. Basisdienste für die Versorgung mit Lebensmitteln, Elektrizität und Wasser, für Kommunikation, Abfallmanagement, Erziehung, Gesundheitsfürsorge, wirtschaftlichen Austausch und Stadtplanung wurden eingerichtet. Auroville hat darüber hinaus vorbildliche Anstrengungen unternommen, um die Regeneration der Umwelt, erneuerbare Energien und angemessene

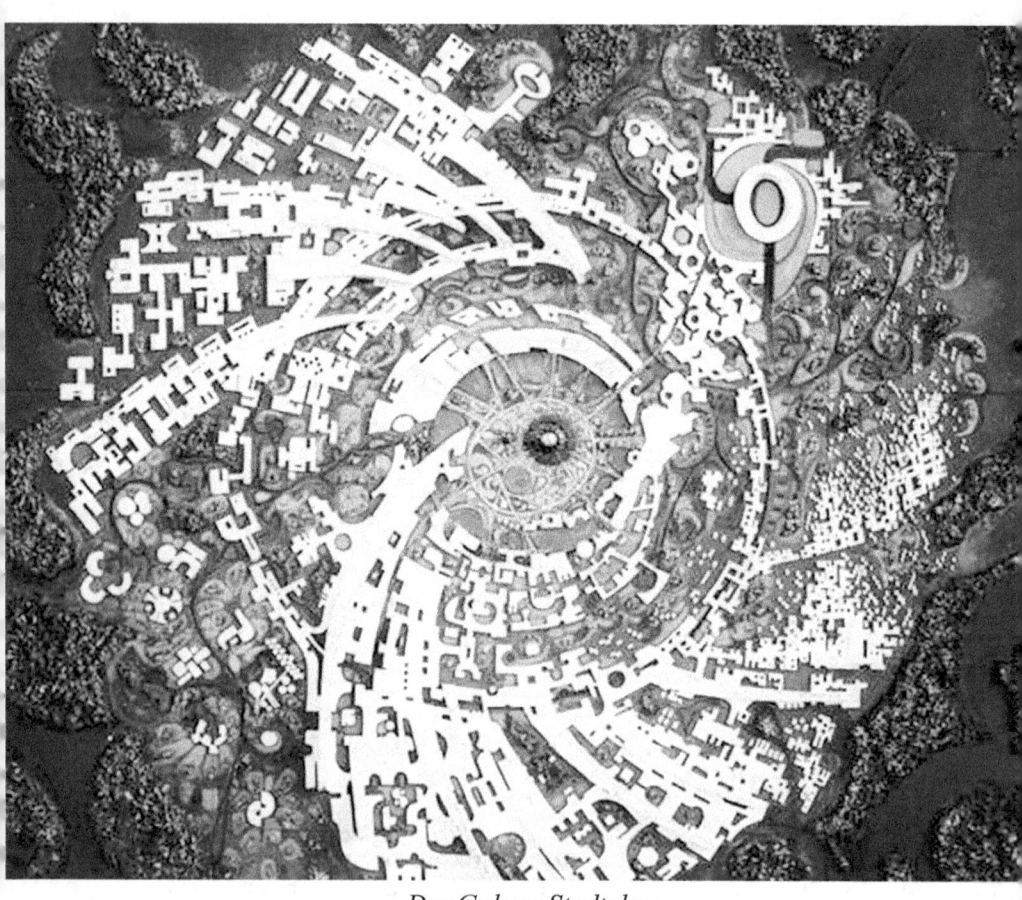

Der Galaxy-Stadtplan

Bautechnologien, ökologischen Landbau, Gesundheitsvorsorge, Forschungen im Erziehungssektor, Handwerk und Kleingewerbe sowie die ländliche Entwicklung zu fördern.

Auroville ist eine Stadt im Aufbau, die sich über ein Gebiet von zwanzig Quadratkilometern erstreckt. Seine Ansiedlungen sind durchsetzt von Landstücken in Privat- oder Dorfbesitz. Einst ein ödes, menschenleeres Plateau wurde das Gebiet Aurovilles durch das Anpflanzen von über zwei Millionen Bäumen in ein nunmehr lebensfreundliches Umfeld verwandelt. In den fünf Dekaden seit seiner Gründung ist Auroville zu einer pulsierenden kleinen Stadt geworden, die durch vielfältige Aktivitäten belebt wird. Auroville ist aktiv damit befasst, mit innovativen Formen wirtschaftlichen Teilens und alternativer Gesundheitstherapien zu experimentieren sowie mit neuen Ansätzen im Erziehungswesen und in der Selbstverwaltung. Mit seinem Durchmischen der Kulturen und seinem ungezähmten Idealismus inspiriert Auroville künstlerische, kulturelle und athletische Ausdrucksformen aller Art. Ein breitgefächertes Angebot an hochwertigen handgefertigten Produkten legt Zeugnis ab für Aurovilles Kreativität und Unternehmungsgeist.

Im Geiste einer egalitären Gesellschaft bleiben die Vermögenswerte Aurovilles, obwohl weitgehend durch persönliche Ressourcen, Spenden und Zuschüsse aufgebaut, kollektiv im Besitz der Gemeinschaft, die wiederum der Auroville Foundation gegenüber rechenschaftspflichtig ist. In vielen Ländern der Welt gibt es ein weit gespanntes Netzwerk von Freunden Aurovilles, einschließlich der Verbindungszentren von Auroville International.

Auroville ist ein Traum – sein evolutionäres Ideal einer wahren menschlichen Einheit berührt die Herzen vieler Menschen auf dem ganzen Erdball. Auroville verkörpert die tiefste Sehnsucht der Menschheit nach einem Leben, das angefüllt ist mit Bedeutung und bewusster Reflektion.

17

Ein Schmelztiegel des Integralen Yoga

Die Menschen sollten wissen, dass nach Auroville zu kommen ein nahezu übermenschliches Streben nach Fortschritt erfordert.

Die Mutter

Während Auroville alle Menschen willkommen heißt, die vom Ideal der menschlichen Einheit angezogen werden, kann die tiefere Bedeutung Aurovilles nur im Kontext des spirituellen Weges verstanden werden, den der Integrale Yoga von Sri Aurobindo aufzeigt. Der Integrale Yoga entwirft eine wissenschaftliche und spirituelle Sicht auf die Evolution, die eine vollständige Transformation der Welt und die Geburt eines neuen, spiritualisierten Menschengeschlechts impliziert. Weite und Einzigartigkeit des Werks von Sri Aurobindo basieren auf seinem ungewöhnlichen Hintergrund sowie auf seinen einzigartigen Erfahrungen. Er genoss eine umfassende westliche Erziehung ohne jeglichen Kontakt mit der indischen Kultur oder ihren Sprachen. Als brillanter Schüler in Griechisch und Latein besaß Sri Aurobindo ebenfalls gute Kenntnisse in Französisch, Deutsch und Italienisch. Zur Zeit seines Abschlusses in Cambridge war Sri Aurobindo tief in der europäischen Kultur verankert. Als er dann im Alter von einundzwanzig Jahren nach Indien zurückkehrte, entschloss er sich, Sanskrit und mehrere moderne indische Sprachen zu lernen, um den Geist der indischen Kultur und Zivilisation in sich aufzunehmen. Sri Aurobindo wurde zur Synthese der indischen und der westlichen Traditionen und daher zugänglich für Menschen sowohl aus dem Osten als auch aus dem Westen.

Sri Aurobindos Vision des Lebens, in über dreißig Bänden der Jubiläumsausgabe seiner Werke dargelegt, beleuchtet die Evolution der menschlichen Spezies mithilfe der Anthropologie, Soziologie, Politik, Psychologie, Kultur und Religion. Die meisten seiner Hauptwerke, wie *Das Göttliche Leben, Die Synthese des Yoga, Essays über die Gita, Das Geheimnis der Veden, Das Ideal der Menschlichen Einheit* und *Zyklus der Menschlichen Entwicklung*, wurden simultan zwischen 1914 und 1920 geschrieben und in serieller Form in einer zeitgenössischen philosophischen Zeitschrift, *The Arya*, veröffentlicht. Das Genie Sri Aurobindos liegt darin, dass er das esoterische Gedankengut indischer Spiritualität erfolgreich in einer Terminologie aufarbeitet, die dem modernen wissenschaftlichen Denker zugänglich ist. In seinem Tribut an Sri Aurobindo erklärt der bekannte transpersonale Denker Ken Wilber:

Aurobindos Genie lag nicht allein darin, dass er die Tiefgründigkeit von Indiens außergewöhnlichem spirituellen Erbe einfing. Er war der erste große Philosoph und Weise, der Natur und Bedeutung der modernen Vorstellung von der Evolution in ihrer ganzen Tiefe erfasste. Und so finden wir in Aurobindo das erste großartige Zeugnis einer evolutionären Spiritualität, die das Beste der alten Weisheit und das Aufgeklärteste des modernen Wissens miteinander verflicht... niemand verbindet die philosophische Brillanz sowie ein profundes erleuchtetes Bewusstsein auf eine Art und Weise, wie Aurobindo es tat. Seine Erleuchtung durchdrang seine Philosophie; seine Philosophie gab seiner Erleuchtung

*Substanz; und diese Kombination ist, in dieser oder jeder anderen Zeit, selten erreicht worden.*⁶

Parallelen existieren zwischen den Schriften Sri Aurobindos und denen anderer moderner Philosophen wie Hegel, Bergson, Teilhard de Chardin und Jean Gebser. Sri Aurobindo hat auch direkt und indirekt die Disziplinen der Entwicklungspsychologie und der transpersonalen Psychologie beeinflusst. Was Sri Aurobindo jedoch ganz offensichtlich von diesen Denkern unterscheidet, ist die Tatsache, dass er sich selbst nicht als Philosoph sah – er stellte die „Wahrheitsbehauptung" auf, dass seine Schriften direkt aus seiner spirituellen Erfahrung stammten – und dass er stets eine praktische Anwendung seines Wissens zu finden suchte. Wie Satprem, ein französischer Autor, schreibt: „Sri Aurobindo sagte, der einzige Nutzen von Büchern und Philosophien sei es, nicht so sehr den Geist zu erleuchten als ihn vielmehr zum Schweigen zu bringen, auf dass er, einmal ruhiggestellt, zur Erfahrung übergehen und die direkte Inspiration empfangen könne."⁷ Außer seinem Hauptwerk, der epischen Dichtung *Savitri*, finden Sri Aurobindos Schriften nach 1920 ihren Ausdruck hauptsächlich in Tausenden von Briefen, die er individuell an seine Schüler richtete, um sie in ihrer Praxis des Integralen Yoga anzuleiten.

Während viele zeitgenössische Gelehrte, vor allem aus dem Westen, den Beitrag Der Mutter bei der Entwicklung von Sri Aurobindos Yoga übersehen, erkennt Sri Aurobindo selber sie als ihm spirituell gleichgestellt und in ihrem Mitwirken ebenbürtig an. Sie war die bewegende Kraft hinter Sri Aurobindos Ashram, der 1926 in Pondicherry gegründet wurde. Viel später, 1969, beschreibt sie ihre Rolle so:

---

6 Wilber, Ken. A Greater Psychology-An Introduction to the Psychological Thought of Sri Aurobindo. 2000: Vorwort, vii.
7 Satprem. Sri Aurobindo or the Adventure of Consciousness (AC). 1968: 293.

Die Aufgabe, Sri Aurobindos Vision eine konkrete Form zu geben, war der Mutter übertragen. Die Erschaffung einer neuen Welt, einer neuen Menschheit, einer neuen Gesellschaft, die das neue Bewusstsein ausdrücken und verkörpern, hat sie unternommen... Der Ashram, gegründet und aufgebaut von der Mutter, war der erste Schritt zur Erreichung dieses Ziels. Das Projekt Auroville ist der nächste, etwas äußerlichere Schritt, der danach strebt, die Basis des Versuchs zu erweitern, Harmonie zwischen Seele und Körper, Geist und Natur, Himmel und Erde im kollektiven Leben der Menschheit herzustellen.[8]

Es darf nicht vergessen werden, dass die „neue Welt", die Sri Aurobindo und die Mutter anstrebten, nicht auf der Schaffung einer neuen Religion oder neuen Sekte basiert. Sie arbeiteten daran, die Welt für das nächste Stadium in der Evolution der Menschheit zu transformieren, indem sie ein höheres Bewusstsein verankerten, das sie das Supramental nannten. Ihre Vision umfasst die gesamte Menschheit und der Sri Aurobindo Ashram sowie Auroville sind „Experimente" kollektiven Lebens, die der Menschheit auf ihrer evolutionären Reise möglicherweise helfen können. Das Ideal Aurovilles existiert nicht nur für Auroville, sondern für jedes Individuum und für die ganze Erde.

Die Erkenntnistheorie der Indischen Spirituellen Traditionen

Da sich Sri Aurobindo selbst in die Jahrtausende alten vedischen Traditionen der Spiritualität Indiens stellt, ist es erforderlich, die Erkenntnistheorie der indischen Philosophie von jener des Westens zu unterscheiden. Zunächst einmal gibt es, genau genommen, keine indische Entsprechung für den

---

8   The Mother on Auroville, All India Press, 1977:15

Begriff „Philosophie", der wörtlich „Weisheitsliebe" bedeutet. Das entsprechende Wort im Sanskrit für metaphysisches oder spirituelles Wissen ist *darshana*, was „enthüllte Weisheit" bedeutet. Die Veden, die die Quelle nahezu sämtlicher indischen spirituellen Traditionen darstellen, werden als *shruti*-Literatur oder als Wissen, das enthüllt wurde, bezeichnet. Indiens Mystiker und Weise glauben, dass es jenseits der fühlbaren Welt eine transzendentale Realität gibt, die nur durch direkte Erfahrung und nicht durch den Verstand oder Intellekt erfasst werden kann. Anders als die westliche Metaphysik, die zumeist auf der dialektischen Logik des Intellekts basiert, ist die indische Metaphysik, insbesondere die des vedantischen Zeitalters, auf spirituelle Erfahrung gegründet, die Sri Aurobindo „die Logik des Unendlichen" nennt.[9] Der Glaube an intuitives Wissen, das durch direkte Erfahrung erworben und nicht durch soziale und kulturelle Konstrukte vermittelt wird, ist in allen indischen spirituellen Traditionen akzeptiert. Mystiker behaupten, dass das Wissen über eine transzendentale Realität dann erkannt und verifiziert werden kann, wenn man einer unerlässlichen spirituellen Disziplin folgt.

Während die transpersonale Bewegung im Westen eine transzendente oder supra-rationale Dimension des menschlichen Wissens anerkennt, haben die von indischen oder östlichen Mystikern aufgestellten Behauptungen für Sozialwissenschaftler zu Erkenntnisproblemen geführt, insbesondere da die Natur der transzendentalen Realität in verschiedenen Traditionen unterschiedlich beschrieben wird. Wie Peter Heehs in seinem Buch *Indian Religions* bemerkt: „Haben Mystiker Recht, wenn sie denken, dass das, womit sie meinen in Kontakt zu sein, eine (oder die) Realität ist? Bringen ihre privaten Erfahrungen sie in eine Position, aus der sie Behauptungen über die Natur des Lebens und der Welt aufstellen können? Wenn diese Wahrheitsbehauptungen

---

9   Life Divine (LD). 1972: 329.

einander widersprechen, sind dann alle von ihnen oder nur einige zu verwerfen? Gibt es eine Wahrheit oder viele Wahrheiten, oder ist „die Wahrheit" eine menschliche Konstruktion, die von sozialen und politischen Faktoren abhängt...?"[10] Die Grundsätze des Integralen Yoga, insbesondere jene, die sich mit der Natur der transzendentalen Realität befassen, können entweder geglaubt oder als Wahrheitsbehauptungen akzeptiert werden. Es sollte jedoch darauf hingewiesen werden, dass Sri Aurobindo in seinem gesamten umfangreichen Werk eine Weltsicht zum Ausdruck bringt, die umfassend, widerspruchsfrei und eine überzeugende Erklärung der manifestierten Realität ist. In dieser Hinsicht ist Sri Aurobindo einzigartig in der gesamten Welt der Philosophen des Ostens und des Westens.

Die Metaphysik von Sri Aurobindos Vision

Sri Aurobindos Lehre beginnt mit der alten vedantischen Prämisse des Einen Selbst, oder Brahman, als dem letztendlichen Schöpfer: allmächtig, allwissend und omnipräsent. Es ist alles Geschaffene und doch jenseits der Schöpfung. Dieses Eine Selbst drückt sich selbst in der Schöpfung durch Myriaden von Formen aus und diese Formenvielfalt strebt danach, durch den Prozess der Evolution ihre grundlegende Einheit (ihre Einheit-in-der-Vielfalt) in dem Einen Selbst wiederzufinden. Wie Sri Aurobindo es ausdrückt: „Die gesamte Evolution ist eine voranschreitende Selbst-Enthüllung des Einen vor sich selbst."[11]

Hauptsächlich wird das Eine Selbst, oder Brahman, im Vedanta als *Satchidananda* beschrieben, das die drei Attribute *Sat* (absolute Existenz), *Chit-Tapas* (absolutes Bewusstsein und absolute Kraft) und *Ananda* (absolute Seligkeit) besitzt. Sowohl östliche als auch westliche Philosophen erkennen,

---

10 Heehs, Peter. Indian Religions: The Spiritual Traditions of South Asia. 2002: 20.
11 Essays Divine and Human (EDH). 1972: 219

dass die Gesamtheit der Schöpfung im Wesentlichen aus einer äußeren Form besteht, die durch eine innere Kraft oder inneres Bewusstsein belebt wird. Die indische Philosophie geht davon aus, dass es das Attribut des *Sat* ist, welches die äußere Form bestimmt, während dasjenige des *Chit-Tapas* die Kraft oder das Bewusstsein bestimmt, die in der Form enthalten sind. Alles in dieser Schöpfung drückt diese beiden grundlegenden Attribute des *Sat* und *Chit-Tapas* aus, als Form und Bewusstsein-Kraft.

Den alten indischen Schriften gemäß, und durch Sri Aurobindo bestätigt, wird die Schöpfung als göttliches „Lila" oder Spiel gesehen, dessen Sinn und Zweck *Ananda* oder Seligkeit ist: „Aus Ananda", sagen die Upanischaden, „ist alles Existente geboren, durch Ananda bleibt es im Sein und wächst, ins Ananda vergeht es."[12]

Wie Hegel vor ihm so postuliert auch Sri Aurobindo, dass es, damit eine Evolution stattfinden kann, zuvor eine Involution des Selbst in der Materie gegeben haben muss: „Die Evolution von Leben in der Materie setzt eine vorherige Involution von ihr dort voraus, es sei denn, wir gingen davon aus, dass es eine neue Schöpfung ist, die magisch und unerklärlich in die Natur eingebracht wurde."[13] An anderer Stelle beschreibt Sri Aurobindo diesen Prozess der Involution und Evolution so:

Dieses Eine Wesen und Bewusstsein [Satchidananda] ist hier in der Materie involviert. Evolution ist die Methode, mit der es sich selbst befreit; Bewusstsein erscheint in dem, was unbewusst scheint, und sobald es erschienen ist, trägt es in sich selbst den Zwang, höher und immer höher zu wachsen, sich gleichzeitig auszudehnen und zu größerer und immer größerer Perfektion zu entwickeln. Leben ist der erste Schritt dieser

---

12 Zitiert in LD: 101
13 ibid: 185.

Freisetzung von Bewusstsein; das Mental ist der zweite; doch die Evolution endet nicht mit dem Mental, sie wartet auf die Befreiung in etwas Größeres hinein, in ein Bewusstsein, das spirituell und supramental ist. **Der nächste Schritt der Evolution muss in Richtung der Entwicklung des Supramentals und des Geistes als dominante Mächte im bewussten Wesen gehen. Denn nur dann wird sich die involvierte Göttlichkeit in den Dingen vollständig befreien und es dem Leben möglich werden, Vollkommenheit zu manifestieren.**[14]

Kurz gesagt, Materie, Leben (das Sri Aurobindo auch „das Vital" nennt) und Mental bilden die Basis unserer irdischen Existenz. Soviel wird von der Wissenschaft bekräftigt und von allen modernen Evolutionstheoretikern anerkannt. Sri Aurobindo postuliert jedoch weiterhin, dass es, da das Mental in seiner Kraft und seinem Wissen noch begrenzt und ein auf Trennung beruhendes Bewusstsein ist, ein viertes Prinzip gibt, das Prinzip des Supramentals, ausgestattet mit göttlichen Attributen unendlicher Macht und integralen Wissens, das, durch den Prozess der Evolution, eines Tages vollständig auf Erden manifestiert sein wird.

In *Das Göttliche Leben*, das eine Darstellung seiner metaphysischen Sicht auf die Evolution ist, legt Sri Aurobindo ausführlich dar, dass dann, wenn Brahman, oder das Eine Selbst, in der Materie involviert ist, auch seine Attribute *Sat, Chit* und *Ananda* in der Materie involviert oder verborgen sind. Jede höhere Ebene der Evolution enthüllt fortschreitend die Natur Brahmans; das bedeutet, dass jede evolutionäre Stufe – von einfacher Materie zu Pflanzen zu menschlichen Wesen und schließlich zu supramentalen Wesen – mehr und mehr die Qualitäten von *Sat* und *Chit* und *Ananda* ausdrückt.

---

14 Sri Aurobindo on Himself (OH). 1072: 95.

Während man auf der Evolutionsleiter von Materie zu Leben zum Mental voranschreitet, beobachtet man, dass die materielle Dichte oder Starre der Formen abnimmt und das durch die Formen ausgedrückte Bewusstsein zunimmt. In jedem wichtigen evolutionären Stadium werden neue Formen mit einem zunehmend komplexen Ausdruck von Bewusstsein erzeugt. Mit anderen Worten, aus dem harten, unbewegten Stein erhoben sich die Pflanzen, die in der Lage sind, Reaktionen zu zeigen; aus den Pflanzen erhoben sich die Tiere, die zu instinktiven Reaktionen in der Lage sind; und aus dem Tier erhob sich das menschliche Wesen mit einem rationalen Willen. Das dritte Prinzip des *Ananda* oder der Seligkeit manifestiert sich, laut Sri Aurobindo, als ein geheimes Sehnen danach, die grundlegende Einheit des *Satchitananda* wiederzufinden. Auf der Evolutionsleiter drückt sich *Ananda* daher als Kraft der Anziehung in der Materie, als Hunger im physisch-vitalen Bereich, als Verlangen im Vital und als Liebe im mentalen Bereich des menschlichen Wesens aus. Da „weder die Evolution fertig ist ... noch das vernunftbegabte Tier die höchste Errungenschaft der Natur,"[15] folgt als logische Konsequenz der Schluss, dass sich auf der supramentalen Ebene, auf einer Bewusstseinsstufe, die viel höher ist als das Mental, eine neue Form oder die supramentale Spezies auf Erden manifestieren wird. Sri Aurobindo beschreibt diesen Übermenschen oder die supramentale Spezies als im Besitz aller göttlichen Qualitäten des Satchitananda, als da wären Unsterblichkeit, absolutes Bewusstsein, Allmacht und Einheit. Sri Aurobindo sagt:

Wie der Mensch sich aus dem Tier erhob, so erhebt sich aus dem Menschen der Übermensch.[16]

---

15 Life Divine, 194-197
16 Essays Divine and Human, 443

Der Einfluss der Typus-Ebenen

Hegel glaubte, dass der Geist (oder das Selbst) durch seinen Kampf um die Überwindung des Endlichen danach strebt, unendlich zu werden. Sri Aurobindo hält dagegen, dass das Selbst oder *Satchitananda* niemals seine Unendlichkeit oder Allmacht verliert. Diese Hypothese zieht einige wichtige philosophische Konsequenzen nach sich. Zunächst hat das Selbst, da es unendlich und allmächtig ist, keine anderen Begrenzungen als die, die es sich selbst aufzuerlegen gewählt hat. Es ist frei, sich selbst auszudrücken, nicht allein durch den Prozess der Evolution, sondern auf vielfältige andere Weise. Auf dieser Prämisse aufbauend postuliert Sri Aurobindo, dass während des Prozesses der Involution sieben subtile „typische" Welten geschaffen wurden, die jeweils eine essenzielle Qualität des Selbst oder des *Satchitananda* zum Ausdruck brachten: „Alles, was sich aus dem Ewigen manifestiert hat, ist bereits in Welten oder Ebenen ihrer eigenen Natur gemäß angeordnet worden, Ebenen subtiler Materie, Ebenen des Lebens, Ebenen des Mentals, Ebenen des Supramentals, Ebenen des dreieinigen leuchtenden Unendlichen [das heißt die drei Ebenen des *Sat, Chit* und *Ananda*, welche zusammen das *Satchitananda* bilden]. Doch diese Welten oder Ebenen sind nicht evolutionär, sondern typisch. Eine typische Welt ist eine, in der sich ein herrschendes Prinzip in seiner freien, vollen Kapazität manifestiert."[17]

Dem modernen Evolutionstheoretiker wäre angesichts des Mangels an objektivem Beweis der Glaube an derart ungreifbare, okkulte Welten unzulässig. Doch Sri Aurobindo stellt fest, indem er seine eigene spirituelle Erfahrung als Beweis anführt und die Begrenzungen sensorischer Erfahrung eindeutig von der Hand weist: „Indem wir uns nicht, wie im modernen Denken überwiegend üblich, dem Dogma unterworfen haben, welches besagt, dass ... die Analyse der physischen Erfahrung

---

17 ibid.: 236

allein durch den Verstand verifizierbar [ist] ... und alles darüber Hinausgehende ein Fehler, Selbsttäuschung und Halluzination, sind wir frei, diesen Beweis anzuerkennen und die Realität dieser Ebenen zuzugeben."[18] Es könnte beiläufig erwähnt werden, dass Sri Aurobindos Beschreibung der Typus-Ebenen im Einklang steht mit jenen der alten vedantischen Seher, die vom „siebenfältigen Akkord der Existenz" sprachen oder von der Existenz von sieben okkulten Ebenen jenseits der materiellen Welt.

Für Sri Aurobindo ist die Existenz der Typus-Ebenen fundamental für das Verständnis des komplexen Prozesses der Evolution: „Die Entwicklung von Leben, Mental und Geist im physischen Wesen setzt ihre Existenz [jener der Typus-Ebenen] voraus; denn diese Mächte werden hier von zwei zusammenwirkenden Kräften entwickelt, von einer aufwärtsstrebenden Kraft, einem Aufwärtsziehen von unten, sowie von einer nach unten drängenden Kraft von oben."[19] Er erklärt, dass der Geist ohne den Einfluss der Typus-Ebenen von oben auf ewig in der Materie hätte eingeschlossen bleiben können, denn es gibt keine Begründung dafür, warum sich die Materie aus sich selbst heraus evolviert haben sollte, um den in ihr involvierten Geist zu befreien. Die Empfängnis ist eine nützliche Analogie, um diese aufwärts und hinabstrebenden Kräfte des evolutionären Prozesses zu verstehen. Die Empfängnis findet nur dann statt, wenn die Gebärmutter zur Befruchtung bereit ist. Und auf jeder Ebene der Evolution ereignete sich dann, wenn die Erde (die materielle Gebärmutter) bereit war, einen aufwärts gerichteten Sprung zu machen, eine Herabkunft der entsprechenden Typus-Ebene auf die Erde. Das bedeutet, dass das Prinzip des Mentals von der Mental-Ebene auf die Erde herabgestiegen ist, lange bevor menschliche Wesen geboren wurden, die das Instrument

---

18 Life Divine, 787-88
19 ibid.: 790

des Verstandes besaßen. In gleicher Weise wird angenommen, dass das spirituelle Bewusstsein des Supramentals jetzt auf Erden aktiv ist, da es von oben von der Supramental-Ebene herabgestiegen ist. Wie Sri Aurobindo erklärt:

> *Ein geheimes unaufhörliches Einwirken der höheren Kräfte und Prinzipien von ihren eigenen Ebenen aus auf das irdische Sein und die irdische Natur... muss eine Auswirkung und Bedeutung haben. Ihre erste Auswirkung war die Befreiung von Leben und Mental aus der Materie; ihre letzte Auswirkung ist es gewesen, bei dem Hervortreten eines spirituellen Bewusstseins zu helfen.*[20]

Der Mutter zufolge hat sich die supramentale Manifestation 1956 auf Erden ereignet, und in 300 Jahren oder mehr, abhängig von der Fähigkeit der Menschen zum Fortschritt, wird die Erde die Geburt einer neuen Spezies, der supramentalen Spezies erleben.

Wenn man bedenkt, dass es vom Auftauchen des Homo Sapiens bis zum vollen Erblühen der Mentalkräfte, so wie wir sie heute erleben, wenigsten 200 000 Jahre brauchte, sind 300 Jahre nicht mehr als ein Wimpernschlag auf der Zeitskala der Evolution. Für Sri Aurobindo und die Mutter ist das Anbrechen eines supramentalen Zeitalters eine Gewissheit. Wie die Mutter in einer entscheidenden Botschaft an ihre Schüler 1956 sagte: „Die Manifestation des Supramentals auf Erden ist nicht länger ein Versprechen, sondern eine lebendige Tatsache, eine Realität. Sie ist hier am Werk und ein Tag wird kommen, da auch die Blindesten, die Unbewusstesten, sogar die Unwilligsten gezwungen sein werden, sie anzuerkennen."[21]

---

20 ibid.: 821
21 Collected Works of the Mother, Band 8: 145.

Es muss jedoch angemerkt werden, dass sowohl Sri Aurobindo als auch die Mutter von unnötigen Spekulationen unter den Schülern über die Auswirkungen abriet, die das supramentale Bewusstsein auf die Welt haben würde, da sie davon ausgingen, dass diese allmächtige göttliche Kraft die Dinge auf ihre eigene Weise und in ihrem eigenen Tempo ausarbeiten würde.

Das Prinzip der Herabkunft

Die Vorstellung von der Herabkunft einer göttlichen Kraft von höheren Ebenen ist in der westlichen Theologie oder spirituellen Metaphysik nicht umfassend akzeptiert, obwohl es Bezüge dazu in den Schriften einiger griechischer Philosophen gibt, wie Heraklit, Plato und Plotin. Moderne Denker wie Arthur Lovejoy und Ken Wilber haben ebenfalls versucht, Ausführungen über dieses philosophische Theorem zu machen, doch das Konzept einer „göttlichen Herabkunft" wird in seiner ganzen Fülle lediglich in der Hindutradition ausgearbeitet. Sri Aurobindos Beschreibung der verschiedenen Arten von „Herabkunft" des allmächtigen Selbst schließt Wilbers Konzept von Herabkunft, oder „*Agape*", ein (das Höhere reicht herab und umfasst das Niedere)[22] und geht darüber hinaus. In der indischen Tradition ist eine wichtige Form der Herabkunft der Avatar, der „eine direkte Inkarnation des Göttlichen in seiner Manifestation ist, um den nächsten höheren Schritt in der Evolution möglich zu machen; denn die zuhöchst angesiedelte Ebene der Evolution ist, wenngleich durch den innewohnenden evolutionären Impuls zur Entwicklung gedrängt, unfähig, die existierende Höchstgrenze des Fortschritts zu durchbrechen."[23] Während Sri Aurobindo und die Mutter von sich selbst nicht als Avatare sprachen,

---

22 Wilber, Ken. Sex, Ecology, Spirituality: The Spirit of Evolution (SES). 1995: 338.
23 Vrekhem, Georges Van. Overman: The Intermediary Between the Human and the Supramental Being. 2001: 17

betrachteten sie sich als evolutionäre Pfadfinder, die eine entscheidende Rolle dabei spielten, das Prinzip des Supramentals oder das supramentale Bewusstsein auf die Erde zu bringen. Auf den ersten Blick scheint die Vorstellung, dass ein Individuum im evolutionären Prozess der menschlichen Spezies von entscheidender Hilfe sein kann, unvertretbar. Doch der Psychologe Allan Combs akzeptiert die Möglichkeit, dass Sri Aurobindo und die Mutter sehr wohl neue „evolutionäre Wege für die gesamte menschliche Spezies" eröffnet haben und hebt hervor:

> **Zwei westliche Wissenschaftstheoretiker ... haben vorsichtig erwogene Hypothesen weiterentwickelt, die die Vorstellung unterstützen, dass ein paar wenige Menschen, oder sogar nur ein einziges Individuum, denkbarerweise die gesamte Zukunft des menschlichen Potenzials verändern könnten. Diese Hypothesen sind von dermaßen enormer potenzieller Wichtigkeit für das gesamte Thema Evolution."[24]

Der Yoga der Mutter

Sri Aurobindo und die Mutter betrachteten sich selbst so, dass sie einem einzigen Bewusstsein Ausdruck verliehen, das sich in zwei verschiedenen Körpern inkarnierte. Nachdem Sri Aurobindo 1950 gestorben war, setzte die Mutter das Werk des „Verfügbarmachens ... transformativer Energien der höchsten Ebenen des Göttlichen für die Menschen" fort.[25] Die Mutter erklärte, dass sie sogar nach Sri Aurobindos physischem Ableben okkult geleitet wurde von „dem Sri Aurobindo, den ich kannte und mit dem ich physisch dreißig Jahre lang gelebt hatte und der

---

24 Combs, Allan. The Radiance of Being: Complexity, Chaos and the Evolution of Consciousness. 1996: 149-50.
25 Combs, ibid.: 60.

mich niemals verlassen hat, nicht einen einzigen Augenblick – denn er ist immer noch bei mir, Tag und Nacht, er denkt durch mein Gehirn, schreibt durch meinen Stift, spricht durch meinen Mund und handelt durch meine organisierende Kraft."[26]

Georges Van Vrekhem, ein zeitgenössischer Deuter des Werks von Sri Aurobindo und der Mutter, schreibt, dass Sri Aurobindo bewusst wählte, seinen physischen Körper zu verlassen, um die spirituelle Transformation des Lebens von einer okkulten Ebene aus zu unterstützen. Auf Erden setzte die Mutter nach Sri Aurobindos Tod die Aufgabe der Transformation der Materie und ihres eigenen physischen Körpers von dem Punkt aus fort, den Sri Aurobindo erreicht hatte. Ihr erster Schritt bestand darin zu erkennen, dass für die Bildung eines unsterblichen Körpers das Bewusstsein der Zellen des Körpers vergöttlicht werden muss. In einem späteren Stadium arbeitete sie daran, die unterbewussten und unbewussten Ebenen zu transformieren, die im Kontext von Sri Aurobindos Kosmologie als Fundament der materiellen Ebene gelten.

Eine singuläre Errungenschaft war die supramentale Transformation von 1956, während der, wie die Mutter erklärte, das evolutionäre, transformative Prinzip des Supramentals auf universeller Ebene auf die Erde herabgekommen ist und so den Prozess der irdischen Evolution verändert und beschleunigt hat. Von 1956, dem Jahr der supramentalen Manifestation, bis zum Zeitpunkt ihres eigenen Hinscheidens 1973 arbeitete die Mutter daran, einen prototypischen supramentalen Körper zu formen, indem sie das Zellbewusstsein ihrer eigenen Körperzellen veränderte. Viele, namentlich Georges Van Vrekhem, gehen davon aus, dass die Mutter in ihrer Arbeit erfolgreich war und dass dieser Prototyp eines supramentalen Körpers auf einer okkulten Ebene existiert und sich eines Tages auf Erden physisch manifestieren wird. Ihre psychologischen und

---

26 Pandit, M.P. (ed.) Champaklal Speaks. 1975: 251.

spirituellen Erfahrungen aus dieser Periode sind als Transkripte von Unterhaltungen aufgezeichnet worden; posthum wurden sie in dreizehn Bänden als *Mutters Agenda* vom Institut für Evolutionsforschung veröffentlicht.

Der Integrale Yoga als bewusster Prozess

Während der evolutionäre Prozess vom Mental zum Supramental ein unvermeidbarer natürlicher Prozess ist und nicht vom menschlichen Willen abhängt, kann sich der Mensch jedoch bewusst dafür entscheiden, sich an dem Prozess zu beteiligen und die Geburt einer neuen Spezies zu beschleunigen. „Die früheren Schritte der Evolution", erklärt Sri Aurobindo, „wurden von der Natur ohne den bewussten Willen in der Pflanze und im Tierleben unternommen; im Menschen wird es der Natur nun möglich, sich durch einen bewussten Willen im Instrument zu entwickeln."[27] Es ist für den Einzelnen jedoch nicht so einfach, seinen bewussten Willen einzusetzen, da das menschliche Wesen ein komplexes Amalgam unterschiedlichster Begierden ist, die aus den verschiedenen Teilen seines Wesens emporsteigen.

Die Tatsache, dass der Mensch aus verschiedenen, miteinander in Wechselbeziehung stehenden Teilen des Wesens zusammengesetzt ist, wird von fast allen spirituellen Traditionen der Welt akzeptiert. Alte philosophische Schulen nennen es das „Große Nest des Seins" und weisen darauf hin, dass das menschliche Wesen „verschiedene Ebenen der Existenz [umfasst], ... die von der Materie zum Leben zum Mental zur Seele zum Geist" reichen.[28] Sri Aurobindo erklärt, dass der Mensch im Laufe der Evolution von Materie zu Leben und zum Mental einen physischen Körper, einen vitalen (emotionalen) Körper und einen mentalen Körper angenommen hat.

---

27 Sri Aurobindo on Himself, 95.
28 Wilber, Ken. Integral Psychology: Consciousness, Spirit, Psychology, Therapy. 2000: 5.

Doch in Sri Aurobindos Klassifikation stellen diese drei Ebenen – das Physische, das Vitale und das Mentale – lediglich die Spitze des Eisbergs eines individuellen Bewusstseins dar. Diese drei Ebenen bilden die äußere Natur oder die Egopersönlichkeit des Individuums, die sein Wachbewusstsein regiert.

Sri Aurobindo klassifiziert im Detail fast ein Dutzend Ebenen des Seins, die über, unter und innerhalb dieser äußeren Natur liegen und entsprechend das Überbewusstsein, das Unterbewusstsein und das Subliminale genannt werden. In Sri Aurobindos Vision korrespondiert der Mikrokosmos der individuellen Natur mit dem Makrokosmos der Typuswelten des Universums und verbindet sich mit ihm. Zudem geht Sri Aurobindo davon aus, dass sowohl im Mikrokosmos als auch im Makrokosmos jede Ebene des Seins von ihren eigenen Gesetzmäßigkeiten und ihrem eigenen einzigartigen Bewusstsein regiert wird. So hat zum Beispiel im Mikrokosmos der physische Körper ein Körperbewusstsein, das zur Trägheit und zu mechanischen oder gewohnheitsmäßigen Antworten auf Stimuli neigt. Der Teil des Mentals, den Sri Aurobindo das physische Mental nennt, ist assoziiert mit dem Körperbewusstsein.

In gleicher Weise regiert den emotionalen Körper des Menschen ein vitales Bewusstsein und ein vitales Mental, das von Begierden, Reaktionen und Impulsen gesteuert wird. Das Mental selbst, oder das mentale Bewusstsein, hat die Fähigkeit zur Selbstreflektion und Rationalisierung. Der Mensch ist üblicherweise nicht in der Lage, zwischen diesen drei verschiedenen Mentalen zu unterscheiden, die von verschiedenen Ebenen herrühren, denn, wie Sri Aurobindo sagt, „in unserer Wacherfahrung sind sie alle miteinander verwoben." Diese verschiedenen Ebenen des Seins tendieren dazu, sowohl im Mikrokosmos als auch im Makrokosmos ihre Gesetze oder Arbeitsweisen dem Individuum aufzuerlegen, das dann dieser Einflüsse gewahr sein und bewusst an ihrem evolutionären Prozess teilnehmen muss.

Das Reich des Überbewussten (der Bereich über dem rationalen

Bewusstsein des Mentals) besteht, laut Sri Aurobindo, aus fünf hierarchischen Ebenen des Bewusstseins, die das gewöhnliche Bewusstsein des Individuums mit dem universellen Supramental verbinden. Auf jeder höheren Ebene des Bewusstseins erfährt das Individuum die manifestierte Realität anders und in zunehmend integraler Weise.

Ein einzigartiges Merkmal von Sri Aurobindos Beschreibung der menschlichen Psychologie ist das Konzept einer individualisierten Seele, auch psychisches Wesen genannt. Dieses psychische Wesen, uneingeschränkt ein Teil des Göttlichen, ist das innerste Zentrum des menschlichen Wesens, vor dem Oberflächenbewusstsein durch alle anderen Ebenen des Wesens verborgen, die es umhüllen. Im Einklang mit anderen spirituellen Traditionen sagt auch Sri Aurobindo, dass die Seele einen universellen Aspekt besitzt, der eins ist mit allen. Doch er legt auch dar, dass es eine Individualität der Seele oder des psychischen Wesens gibt, die sich über viele Leben entwickelt. Das ist die eigene wahrhafte individuelle Persönlichkeit (im Gegensatz zur Ego-Persönlichkeit), die man zum Ausdruck bringen muss, um ein göttliches Leben auf Erden zu offenbaren.

Die Seele ist etwas vom Göttlichen, das als Göttliches Prinzip im Individuum in die Evolution herabsteigt, um seine Evolution aus dem Unwissen ins Licht zu unterstützen. Sie entwickelt im Laufe der Evolution ein psychisches Individuum oder eine seelische Individualität, die von Leben zu Leben wächst, indem sie das sich entwickelnde Mental, Vital und den Körper als ihre Instrumente nutzt. Es ist die Seele, die unsterblich ist, während der Rest sich auflöst; sie schreitet von Leben zu Leben und befördert dabei die Essenz ihrer Erfahrungen sowie die Kontinuität der Evolution des Individuums.[29]

---

29 Letters on Yoga (LY). 1972: 347

Während die Präsenz des psychischen Wesens in unserem gewöhnlichen Bewusstsein selten gespürt wird, manifestiert es sich durch eine bewusste spirituelle Disziplin oder durch aufeinanderfolgende Inkarnationen zunehmend, indem es die äußere Natur unter seine direkte Kontrolle bringt. Der Prozess, in dem wir das psychische Wesen entdecken und es ihm erlauben, die verschiedenen Ebenen des eigenen Wesens zu integrieren und zu lenken, nennt Sri Aurobindo die psychische Transformation. Die bewusste Beteiligung eines Individuums am evolutionären Prozess beginnt erst mit diesem ersten Schritt einer psychischen Transformation.

Integrale Transformation

Um dem einzelnen Menschen dabei zu helfen, bewusst am evolutionären Prozess teilzunehmen, erarbeiteten Sri Aurobindo und die Mutter eine bewusste Disziplin, die die Basis des Integralen Yoga ist. Das Sanskritwort „Yoga" bezeichnet die Einheit mit dem Göttlichen. Und der „Integrale Yoga wird so genannt, weil er auf eine harmonisierte Totalität der spirituellen Verwirklichung und Erfahrung ausgerichtet ist. Sein Ziel ist die integrale Erfahrung der göttlichen Realität. ... Seine Methode ist eine integrale Öffnung des gesamten Bewusstseins, des Mentals, Herzens, Lebens, Willens, Körpers zu jener Realität, zur göttlichen Existenz, Bewusstsein, Glückseligkeit, zu seinem Sein und seiner integralen Transformation der gesamten Natur."[30]

Sri Aurobindo beschreibt drei Schritte der fortschreitenden Selbstvervollkommnung, die zur integralen Transformation führen. Der erste ist die psychische Transformation, in der das Individuum unter der Führung des psychischen Wesens statt unter der Führung des Egos agiert. Der nächste Schritt, oft mit dem ersten einhergehend, besteht darin, sich des

---

30 Zitiert in Wilber, SES: 97.

universalen Selbst bewusst zu werden, das in allen eins ist. Der dritte Schritt ist die supramentale Transformation, durch den die Kraft des Supramentals auf das Individuum einwirkt und es zu einem supramentalen Wesen transformiert.

In Indien haben über Tausende von Jahren hinweg verschiedene Traditionen unterschiedliche spirituelle Disziplinen empfohlen, die zur Befreiung aus den Determinismen der Welt führen. Seinen Weg mit anderen Disziplinen vergleichend erklärt Sri Aurobindo:

In der Vergangenheit wurde sie [die spirituelle Verwirklichung] dadurch zu erreichen versucht, dass man sich aus der Welt zurückgezogen hat und in die Höhen des Selbst oder des Geistes entschwunden ist. Sri Aurobindo lehrt, dass eine Herabkunft des höheren Prinzips möglich ist, die nicht nur das spirituelle Selbst aus der Welt befreien, sondern in der Welt befreien wird ... und es dem Menschen ermöglichen wird, sich sowohl dynamisch als auch innerlich selbst zu finden und aus seinem immer noch animalischen Menschsein in eine göttlichere Spezies hineinzuwachsen. Die psychologische Disziplin des Yoga kann zu diesem Zweck benutzt werden, indem sie alle Teile des Wesens zu einer Umwandlung oder Transformation hin öffnet, durch die Herabkunft und das Wirken des höheren, aber noch verhüllten supramentalen Prinzips.[31]

Kurz gesagt, der Integrale Yoga strebt nicht nach einer Abkehr vom Leben und einer Befreiung aus der Welt, sondern nach einer Transformation des Lebens und der Welt, nicht nach einer Zurückweisung der verschiedenen egoistischen Teile des eigenen Wesens, sondern nach einer Transformation und Integration jener

---

31 Sri Aurobindo on Himself, 96

Teile in eine göttliche Natur.

„Das kann jedoch", so warnt Sri Aurobindo, „nicht sofort oder in kurzer Zeit oder durch irgendeine schnelle oder wundersame Transformation geschehen. ... Denn es gibt mehrere Ebenen des Bewusstseins zwischen dem gewöhnlichen menschlichen Mental und dem supramentalen Wahrheitsbewusstsein, ... [die| geöffnet werden müssen und deren Kraft herunter in Mental, Leben und Körper gebracht werden muss."[32] Als Hilfe in diesem anstrengenden Prozess einer spirituellen Transformation durch den Yoga unterstreicht Sri Aurobindo die Notwendigkeit einer unablässigen Sehnsucht nach dem Göttlichen, einer vollkommenen Zurückweisung der eigenen egoistischen Begierden und einer vollständigen Überantwortung an die göttliche supramentale Kraft. Überantwortung ist ein wichtiger Aspekt in Sri Aurobindos Yoga, denn es ist offensichtlich, dass das Individuum mit seinem begrenzten Bewusstsein allein das supramentale Bewusstsein nicht erlangen kann. Nur durch die Herabkunft der göttlichen Kraft von der supramentalen Ebene kann die supramentale Transformation des Individuums erreicht werden. Nebenbei bemerkt ist nach Sri Aurobindos Erkenntnis die Kraft des Individuums begrenzt, während jene des Supramentals unendlich ist. Daher ist die einfachste Art und Weise, mit der der Mensch auf dem spirituellen Weg Fortschritte erzielen und sich selbst verwandeln kann, die Überantwortung an das Wirken des Supramentals – der höchsten Kraft des Göttlichen. Viele Schüler Sri Aurobindos betrachten die Mutter als eine Personifikation der göttlichen Kraft, der sie sich überantworten können, und sie betrachten die Kraft der Mutter als die in der Welt agierende supramentale Kraft.

Gleichzeitig gibt Sri Aurobindos Integraler Yoga, anders als jede andere spirituelle Diszlplin, dem Individuum

---

32 Sri Aurobindo on Himself, 96-97.

eine immense Freiheit beim Verfolgen seiner inneren Selbstentwicklung je nach seiner eigenen Natur. Dieser Grundsatz des Integralen Yoga stammt aus dem Glauben an das psychische Wesen in jedem Menschen, das eine einzigartige, wahre Individualität darstellt, die in der Welt ihren Ausdruck finden muss. Die Mutter sagte einmal, der beste Weg, bei der supramentalen Transformation mitzuwirken, bestehe darin, „das eigene Wesen zu erkennen, egal in welcher Form und egal durch welchen Weg. ... Jedes Individuum trägt in sich selbst eine Wahrheit und genau mit dieser Wahrheit muss es sich selbst vereinigen, genau diese Wahrheit muss es leben; und so wird dann auch der Weg, den es beschreitet, um seine Wahrheit zu verwirklichen, zu dem Weg, der ihn so nahe wie möglich zur Transformation bringen wird."[33] Da der Integrale Yoga danach strebt, eine spirituelle Transformation des Lebens unter den materiellen Bedingungen der Erde herbeizuführen, wird dem eigenen Umgang mit der materiellen Welt höchste Bedeutung beigemessen. Das nimmt viele Formen an: vom Streben nach der Vervollkommnung des Körpers durch physische Übungen bis hin zu einem achtungsvollen Sorgen für die Dinge des eigenen Gebrauchs, vom Ausführen regelmäßiger physischer Arbeit bis hin zur Kultivierung eines Sinns für Schönheit und Ästhetik sowie zum Führen eines bewussten Lebens.

Gemäß Sri Aurobindo und der Mutter verkörpert die Materie, trotz ihrer Trägheit und Unbewusstheit, das göttliche Bewusstsein und verlangt daher allergrößten Respekt. Sie lehrten, dass man eine Veränderung in der Materie herbeiführen kann, indem man sich durch die eigene Arbeit und Aktivität bewusst mit der materiellen Welt beschäftigt. Wie die Mutter erklärte: „Arbeit, sogar manuelle Arbeit, ist für die innere Entdeckung etwas Unersetzbares. Wenn man nicht arbeitet,

---

33 Zitiert in Satprem, AC: 353.

wenn man sein Bewusstsein nicht in die Materie hineingibt, wird sich diese niemals entwickeln. Ordnung um sich herum zu schaffen hilft dabei, Ordnung in sich selbst zu schaffen."[34]

Auf gleiche Weise wird der Körper, die materielle Basis der Existenz, als Instrument des Göttlichen betrachtet, das es durch disziplinierte physische Erziehung zu vervollkommnen gilt, damit es ein höheres Bewusstsein verkörpern kann. Ein Lebensstil, der eine gesunde Ernährung, ausreichende Erholung, Übungen, eine Ausgewogenheit von Arbeit und Spiel einschließt, wird wesentlich. Die Kultivierung von Schönheit in der eigenen physischen Umgebung ist wichtig, denn „in der physischen Welt ist es von allen Dingen die Schönheit, die am besten das Göttliche ausdrücken kann. ... Die Schönheit interpretiert das Ewige, sie drückt es aus und verkörpert es."[35]

Ein kollektiver Yoga

Der Integrale Yoga hört nicht bei der individuellen Verwirklichung auf, sondern strebt nach der Transformation der irdischen Natur:

Damit diese Transformation erfolgreich sein kann, müssen alle menschlichen Wesen – sogar alle lebenden Wesen und auch ihre materielle Umgebung – transformiert werden. Sonst werden die Dinge bleiben, wie sie sind: Eine individuelle Erfahrung kann das irdische Leben nicht verändern. ... Nicht nur ein Individuum oder eine Gruppe von Individuen oder gar alle Individuen, sondern das Leben ... muss transformiert werden. Ohne eine derartige Transformation werden wir weiterhin dasselbe Elend, dasselbe Unheil und dieselben Gräueltaten in

---

34 Mother's Agenda Band 11, 1981: 248.
35 Collected Works of the Mother, Band 12: 234.

der Welt haben. Ein paar wenige Individuen werden durch ihre psychische Entwicklung aus ihr entfliehen, doch die allgemeine Masse wird im selben Zustand des Elends verbleiben.[36]

Einige vermuten, dass jedes Individuum, das mit dem Yoga beginnt, eine gewisse universelle psychologische Schwierigkeit repräsentiert, die transformiert werden muss und dass es Auswirkungen auf die gesamte Menschheit hat, wenn die Transformation von einem Individuum erreicht wird. Eine derartige Vorstellung unterstützend stellt der Evolutionsforscher Rupert Sheldrake die These auf, dass „sich das morphogenetische Feld der gesamten Spezies ändert, wenn auch nur ganz subtil, sobald ein Mitglied einer biologischen Spezies ein neues Verhalten lernt. Wenn das Verhalten lange genug wiederholt wird, baut sich die morphische Resonanz auf und beginnt, die gesamte Spezies zu beeinflussen."[37] Eine logische Konsequenz dieser Aussage ist die Tatsache, dass die Transformation nicht von einem einzigen Individuum erreicht werden kann, da es nur einen speziellen Persönlichkeitstypus repräsentiert. Um eine vollkommene Transformation der menschlichen Natur zu erreichen, müssen alle Persönlichkeitstypen in diesem kollektiven Yoga für die Menschheit repräsentiert sein. Die Mutter stellt fest: „... durch genau die Natur der Dinge ist sie [die supramentale Transformation] ein kollektives Ideal, das einer kollektiven Anstrengung bedarf, damit es im Sinne einer integralen menschlichen Vervollkommnung realisiert werden kann."[38]

Für den Einzelnen, der den Integralen Yoga praktiziert, kommt irgendwann ein Punkt, an dem er den Yoga nicht mehr

---

36 The Mother, Collected Works of the Mother, Band 15: 316.
37 Zitiert in Russell, Peter. The Global Brain Awakes: Our Next Evolutionary Leap. 1995: 316.
38 Collected Works of the Mother, Band 13: 210.

für sich selbst tut, sondern mehr und mehr für alle. Indem er seinen Yoga den „Yoga für das Erdbewusstsein" nennt, erklärt Sri Aurobindo, dass das spirituelle Bemühen eines Individuums mit dem kollektiven Streben nach Fortschritt verbunden ist:

Indem er das Leben akzeptiert, muss er (der Suchende des Integralen Yoga) nicht nur seine eigene Last tragen, sondern damit einhergehend auch einen großen Teil der Last der Welt, als eine Verlängerung seiner eigenen bereits ausreichend schweren Last. Daher besitzt sein Yoga viel mehr die Natur eines Kampfes als der Anderer; doch dieses ist nicht nur ein individueller Kampf, es ist ein kollektiver Krieg, der in einem beträchtlich großen Land geführt wird. Er muss nicht nur in sich selbst die Kräfte der egoistischen Falschheit und Unordnung bekämpfen, sondern er muss sie gleichzeitig als Repräsentanten derselben feindlichen und unerschöpflichen Kräfte in der Welt bekämpfen.[39]

Dieser kollektive Aspekt des Integralen Yoga muss unterschieden werden von dem Typus gemeinschaftlichen Lebens, der manchmal von westlichen spirituellen Suchern angestrebt wird. Ein kollektiver Yoga, oder sogar ein kollektives Bemühen um Transformation, bedeutet nicht notwendigerweise, dass die Praktizierenden des Integralen Yoga in ihrem äußeren, täglichen Leben Dinge gemeinsam machen müssen. Besucher, die nach Auroville kommen, sind manchmal bestürzt, dass es scheinbar so wenig Gemeinschaft in Auroville gibt – dass es keine gemeinsamen spirituellen Praktiken und wenige Gemeinschaftsrituale oder -feiern gibt. In ihren Ausführungen über das Ideal einer wahren Gemeinschaft sagt die Mutter:

---

39 The Synthesis of Yoga (SY). 1972: 71.

„Eine der gebräuchlichsten Arten menschlicher Kollektivität [ist es], sich ... um ein gemeinsames Ideal ... herum zu gruppieren ... aber auf künstliche Weise. Im Gegensatz dazu ... kann eine wahre Gemeinschaft nur auf der inneren Verwirklichung eines jeden ihrer Mitglieder gegründet sein."[40] Das innere Wachstum des Individuums drückt sich selbst natürlich durch das Kollektiv aus.

Menschliche Einheit

Diese Vorstellung von kollektivem Yoga ergänzt Sri Aurobindos Ideal einer wahren menschlichen Einheit. Für Sri Aurobindo leitet sich das Ideal der menschlichen Einheit von der Tatsache ab, dass es, allen Erscheinungen zugrundeliegend, „einen geheimen Geist, eine göttliche Realität [das Eine Selbst oder *Satchitananda*] gibt, in der wir alle eins sind."[41] Er sagt, wenn man von dieser spirituellen Prämisse der Einheit ausginge, gebe es „freien Raum für die Verwirklichung der höchsten menschlichen Träume, für die Perfektionierung der Spezies, für eine vollkommene Gesellschaft, eine höhere, aufwärtsgerichtete Evolution der menschlichen Seele und menschlichen Natur."[42] Sri Aurobindo sagt, dass ein rein intellektueller Glaube an die menschliche Einheit zum Scheitern verurteilt ist, denn eine wahre menschliche Einheit kann nur durch die fortschreitende spirituelle Erkenntnis der Einheit des gesamten Universums erreicht werden. In seiner epischen Dichtung Savitri gibt er diesem Konzept, das eine Schlüsselstellung einnimmt, einen lyrischen, entscheidenden Ausdruck:

Liebe und Einheit zu fühlen heißt zu leben

---

40 Mother's Agenda Band 1: 107.
41 The Human Cycle, 1972: 577.
42 ibid.: 586.

Das ist die Magie unseres goldenen Wandels[43]

Das spirituelle Ideal der menschlichen Einheit bedeutet keine Homogenität oder äußerliche Uniformität, sondern eine Einheit, die die grundlegende Vielfalt der gesamten Schöpfung zelebriert. Für Sri Aurobindo repräsentiert jedes Individuum in seinem psychischen Wesen einen einzigartigen Aspekt der unendlichen Vielfalt des Göttlichen. Und der Integrale Yoga ist ein Prozess, durch den die Menschen die ihnen innewohnende einzigartige göttliche Persönlichkeit manifestieren und so ihren Platz in der geordneten Harmonie der supramentalen Schöpfung finden. Eine „wahre menschliche Einheit", wie sie das Ziel Aurovilles und in seiner Charta niedergelegt ist, setzt in der Essenz eine spirituelle Gemeinschaft voraus, in der die Individuen ihr psychisches Wesen manifestieren. Sri Aurobindo führt seine Vorstellungen von einer „perfekten Gesellschaft" folgendermaßen aus:

Eine spiritualisierte Gesellschaft würde das Individuum, vom Heiligen bis zum Kriminellen, in ihrer Soziologie nicht als Element eines sozialen Problems behandeln, das durch eine ausgeklügelte Maschinerie geschleust werden muss und entweder auf die soziale Gussform reduziert und abgeflacht oder aus ihr herausgebrochen wird, sondern als Seelen, die leiden und in einem Netz gefangen sind und gerettet werden müssen, als Seelen, die wachsen und zum Wachsen ermutigt werden müssen, als Seelen, die gewachsen sind und von denen Hilfe und Kraft erwartet werden kann, von den kleineren Geistern, die noch nicht erwachsen sind.[44]

Sri Aurobindo glaubte auch, dass es katastrophale

---

43 Savitri: 724 (Ausgabe von 2007)
44 Life Divine, 257.

Konsequenzen für die gesamte Spezies haben könnte, wenn dieses Ideal der menschlichen Einheit nicht in der einen oder anderen Form angenommen werden würde. Es ist überliefert, dass Sri Aurobindo in einer Kommunikation mit der Mutter von einer okkulten Ebene aus sagte, die Erschaffung Aurovilles sei „ein praktisches Mittel, das eine menschliche Einheit herstellen und stark genug sein würde, um gegen den Krieg zu kämpfen."[45]

---

45 Mother's Agenda, Band 7: 222.

Die Einweihung von Auroville am 28. Februar 1968

Auroville als „Eine Stadt, die die Erde braucht"

Auroville ist geplant, um das Anbrechen der supramentalen Realität auf Erden zu beschleunigen.

Die Mutter

Auf unzählige Art und Weise ist Auroville ein Experimentierfeld für das Wirken Sri Aurobindos und der Mutter für eine spirituelle Transformation der Welt, und vielleicht sind sich nicht einmal seine Bewohner dessen bewusst. Als Stadt für 50 000 Bewohner geplant, kann Auroville als ein Schritt hin zur Errichtung einer spiritualisierten Gesellschaft betrachtet werden. In einigen, vor allem in den früheren Botschaften scheint die Mutter angedeutet zu haben, dass der gute Wille eine ausreichende Qualifikation sein würde, um Aurovilianer zu werden. Es wird jedoch aus vielen anderen aufgezeichneten Gesprächen deutlich, dass sie von den Aurovilianern erwartete, „zum aufgeklärten Teil der Menschheit zu gehören"[46] und gegenüber der „Entdeckung und Praxis des göttlichen Bewusstseins, das sich zu manifestieren sucht"[47] offen zu sein. Die Charta Aurovilles besagt ausdrücklich, dass man, „um in Auroville zu leben, der willige Diener des göttlichen Bewusstseins sein muss."[48] So lange sie lebte, hat die Mutter

---

46 Collected Works of the Mother, Band 13: 216.
47 Mother's Agenda, Band 10: 354-55.
48 Mother's Agenda, Band 9: 68.

47

sorgfältig ausgewählt, welche Bewerber um ihre Zulassung nach Auroville schließlich aufgenommen wurden.

Unabhängig davon, ob die Bewohner Aurovilles bewusst den Integralen Yoga praktizieren oder nicht, geht man davon aus, dass jedes Individuum in der kollektiven Transformation der Menschheit eine Rolle zu spielen hat, so wie Sri Aurobindo es gelehrt hat:

Für einen spirituellen und supramentalen Yoga sollte die Menschheit unterschiedlich repräsentiert sein. Denn das Problem der Transformation muss sich mit allen Arten von Elementen auseinandersetzen, den günstigen und den ungünstigen. Derselbe Mensch trägt ja in sich selbst eine Mischung aus diesen beiden Dingen. Wenn nur sattwische (tugendhafte) und kultivierte Menschen zum Yoga kommen, Menschen ohne einen großen Anteil an vitaler Schwierigkeit in sich, dann könnte es gut sein, dass das Unternehmen scheitert, weil die Schwierigkeit des vitalen Elements in der irdischen Natur nicht angegangen und überwunden wurde.[49]

Da der Integrale Yoga eine freie Selbstentwicklung des Individuums sowie das progressive Hervortreten seines einzigartigen psychischen Wesens erlaubt, haben die Aurovilianer die allergrößte Freiheit in ihrer spirituellen Praxis und Lebensweise. Es geht nicht darum, ob die Menschen irgendeinem bestimmten Glaubensmuster folgen, sondern vielmehr darum, wie man lebt und was man sowohl zu der sich entwickelnden Gemeinschaft Aurovilles als auch zur eigenen Selbstentwicklung beiträgt. Selbstverständlich bedeutet die von den Aurovilianern genossene Freiheit nicht, dass sie jeglicher Begierde freien Lauf lassen können. Die Mutter erinnert die Aurovilianer daran,

---

49 LY: 355.

dass „die einzig wahre Freiheit diejenige ist, die man durch die Vereinigung mit dem Göttlichen erlangt. Man kann sich mit dem Göttlichen nur dadurch vereinigen, dass man das eigene Ego beherrscht."[50]

Warum eine Stadt?
Von der Mutter „die Stadt, die die Erde braucht" genannt, kann Auroville als eine mikrokosmische Repräsentation der Menschheit betrachtet werden, die einen transformativen Effekt auf den Makrokosmos der Welt ausüben kann. Die Mutter konzipierte es als „ein Zentrum der Transformation, ein kleiner Nukleus von Menschen, die sich selbst transformieren und für die Welt ein Beispiel geben."[51] Obwohl die Mutter kategorisch erklärte, dass, „solange Egoismus und schlechter Wille in der Welt existieren, eine allgemeine Transformation unmöglich ist,"[52] sind in Aurovilles Stadtplan bestimmte Symbole enthalten, die darauf hinweisen, wie Auroville möglicherweise Einfluss auf die größere Welt nehmen kann.

Erstens ist eine Stadt – im Gegensatz zu einem Dorf oder einer Gemeinschaft – vielleicht die kleinste kollektive Einheit, die alle Aktivitäten in sich enthält, mit denen die Menschen sich gewöhnlich beschäftigen. Wenn diese Aktivitäten nicht auf der Grundlage persönlicher Begierden, sondern im Geiste des Yoga ausgeführt werden, dann ist es möglich, dass eine spirituelle Transformation des menschlichen Lebens stattfinden kann. Ein weiteres Symbol besteht in der Tatsache, dass die Mutter Auroville absichtlich in Indien angesiedelt hat, denn sie erklärte: „Indien ist die Repräsentation aller menschlichen Schwierigkeiten auf Erden und in Indien wird man auch ... die Lösung finden. Und das ist auch der Grund – DAS IST der Grund, warum ich Auroville

---
50 Mother on Auroville (MoA). 1977: 32.
51 Collected Works of the Mother, Band 13: 225.
52 ibid.: 225.

erschaffen musste [Hervorhebung im Original]."[53] Vielleicht ist es kein reiner Zufall, dass Auroville auf einem ökologisch zerstörten Ödland in einer verarmten Gegend des ländlichen Südindien gegründet wurde. Das Land war so schwer erodiert, dass ein Forstbeamter des Distrikts nach einem Besuch der Gegend 1976 notierte: „Das gesamte Gebiet ist der Erosion durch Wind und Wasser ausgesetzt. Wenn dem kein Einhalt geboten wird, dann ... werden die Menschen gezwungen sein, das Land in nicht allzu ferner Zukunft zu verlassen."[54] Den Aurovilianern ist es zu verdanken, dass sich die ländliche Bioregion Aurovilles heute durch massive ökologische Regenerationsmaßnahmen erholt hat und zu prosperieren beginnt.

Die Seele der Stadt: Das Matrimandir

Der Grundriss Aurovilles ist symbolisch. Der Stadtplan selbst ähnelt einer Spiralgalaxie, wie unsere eigene Galaxie auch. Im Zentrum des Stadtplans gibt es ein ovales Areal, von der Mutter als „Bereich des Friedens" ausersehen. Exakt im geografischen Zentrum, und bereits vor der Gründung Aurovilles vorhanden gewesen, steht ein Banyanbaum, heilig in der indischen Kultur. Neben dem Baum wurde für die Gründungsfeierlichkeiten Aurovilles 1968 ein Amphitheater gebaut, mit einer Urne im Zentrum, die Erde aus 126 bei der Feier vertretenen Ländern enthält. Neben dem Banyan und dem Amphitheater steht, mit den beiden ein Dreieck bildend, das Matrimandir, eine mit goldenen Scheiben verkleidete Kugel, in deren Innerem sich ein Raum zur Konzentration befindet. Die Gemeinschaft hat siebenunddreißig Jahre an dieser „Seele Aurovilles"[55] gebaut.

Das Matrimandir ist „das Symbol der Universellen Mutter,

---

53 Mother's Agenda, Band 9: 41-42.
54 Auroville: A city that cares for its bioregion. 1998: 3.
55 Collected Works of the Mother, Band 13: 229.

gemäß Sri Aurobindos Lehren,"[56] jedoch kein Tempel oder Gedenkstätte. Für Sri Aurobindo repräsentiert die Universelle Mutter das supramentale Bewusstsein oder die bewusste evolutionäre göttliche Kraft, die der Menschheit helfen will, über ihre gegenwärtigen Begrenzungen hinauszugehen und den nächsten Schritt des evolutionären Abenteuers zu gehen. Das Matrimandir, sagte die Mutter, ist „ein Symbol für die Antwort des Göttlichen auf das Streben des Menschen nach Vollkommenheit."[57] Für die meisten Aurovilianer ist das Matrimandir die „zentrale Bindekraft"[58], die diese vielgestaltige Gemeinschaft und die vielfältigen Aktivitäten der Stadt eint. Denn wenn man über die Grenzen von Konvention, Kultur und Religion hinausgeht, gibt es keine sozialen, moralischen, ökonomischen oder politischen Kontrollmechanismen mehr, welche eine Gesellschaft normalerweise relativ stabil halten. Die Bewohner Aurovilles, die alle Freiwillige sind, haben keine Gemeinsamkeit in Kultur, Sprache oder Erziehung, die sie zusammenhält, nur die Ideale Aurovilles, so wie sie in der Charta ausgeführt sind. Das Erbauen des Matrimandirs war ein gewaltiges Projekt, das nahezu über die gesamte bisherige Geschichte der Stadt dauerte, und die Gestaltung seiner Gärten und des Sees wird noch viele Jahre in Anspruch nehmen. Das Gebäude selbst ist vollkommen symbolisch und doch ist es so gestaltet, dass es die Werte, die diese Symbole repräsentieren, funktional erfahrbar macht.

Das Matrimandir beherbergt eine innere Kammer für die stille Konzentration, in der ein einziger Sonnenstrahl auf einen Kristall aus reinem Glas trifft. Um diese innere Kammer herum gibt es, als Teil des Matrimandirs, zwölf Meditationsräume, von denen jeder einzelne so gestaltet ist, dass er eine besondere Qualität unserer menschlichen Existenz vermittelt, die in ihrer Gesamtheit

---

56 Collected Works of the Mother, Band 13: 229.
57 ibid.: 229.
58 ibid.: 229.

für unser spirituelles Wachstum notwendig sind. Vom Matrimandir ausstrahlend gibt es zwölf Gärten als Teil dieses zentralen Areals des Friedens. Entsprechend den Wünschen der Mutter wird jeder einzelne dieser zwölf Gärten des Matrimandirs so gestaltet, dass er eine besondere Qualität des Menschen ausdrückt.

Eine einmalige Besonderheit einer Stadt: Die Internationale Zone

Von diesem zentralen Areal des Friedens ausgehend erstrecken sich die vier Zonen der Stadt: die Kulturelle Zone, die Wohnzone, die Industrielle Zone und die Internationale Zone. Während die ersten drei Zonen notwendige Elemente einer jeden menschlichen Siedlung darstellen, ist die Internationale Zone eine einzigartige, symbolische Ergänzung zu Auroville als „Stadt der menschlichen Einheit". Sri Aurobindos Ideal der menschlichen Einheit wird in Auroville nicht nur durch die Verschiedenartigkeit seiner Bewohner repräsentiert, die gegenwärtig aus mehr als fünfzig verschiedenen Ländern kommen, sondern auch durch seine „Internationale Zone".

Alle Nationen sind eingeladen, in der Internationalen Zone einen „Pavillon" zu errichten, der ihre nationale und kulturelle Tradition zum Ausdruck bringt. Die Mutter sagte, „die wichtigste Idee ist die, dass die Einheit der menschlichen Spezies weder durch Uniformität noch durch Beherrschung und Unterwerfung erreicht werden kann. Nur eine synthetische Organisation aller Nationen, bei der jede ihren wahren Platz einnimmt, entsprechend ihrem eigenen Genius und der Rolle, die sie im großen Ganzen zu spielen hat, kann eine umfassende Vereinigung herbeiführen, die überhaupt eine Chance hat zu überdauern."[59] Die Internationale Zone stellt eine Miniversion der Weltunion dar, einen Lerncampus, auf dem der Genius einer jeden Kultur

---

59 Collected Works of the Mother, Band 13:12.

erfahrbar wird.

In seinen politischen Schriften postuliert Sri Aurobindo, dass jede Nation, ebenso wie das Individuum, eine bestimmte Rolle in der Welt zu spielen hat und eine Seele besitzt, die sie zu manifestieren sucht. Die angestrebten Pavillons in der Internationalen Zone wären demnach eine Verkörperung der jeweiligen Nationenseelen, indem sie ihre eigene Kultur lebendig und dynamisch darstellen. Die Mutter hatte den Wunsch, dass sich die Nationen aktiv am Aufbau der Internationalen Zone beteiligen und erklärte, dass eine derart bewusste Zusammenarbeit „gegen die katastrophalen Konsequenzen des Irrtums der Aufrüstung"[60] wirken würde.

Gemeinschaftliche Verwaltung: Das Ideal der „Göttlichen Anarchie"

Organisation ist eine Disziplin der Tat, doch für Auroville streben wir an, über Organisationen hinauszugehen, die willkürlich und künstlich sind. Wir wollen eine Organisationsform, die ein Ausdruck eines höheren Bewusstseins ist, das für die Manifestation der Wahrheit der Zukunft wirkt.

Die Mutter

Um es der göttlichen Kraft zu ermöglichen, sich in der Manifestation Aurovilles frei auszudrücken, war die Mutter stets sehr zögernd, wenn es darum ging, Aurovilles Verwaltungsorganisationen eine definierte Form zu geben. Sie strebte an, „die mentale Herrschaft der Intelligenz durch die Herrschaft eines spiritualisierten Bewusstseins zu ersetzen,"[61]

---

60 Mother's Agenda, Band 9: 212.
61 ibid., Band 8: 454.

weil sie erklärte, dass „es das höchste Bewusstsein ist, das am klarsten sieht – am klarsten und am wahrhaftigsten –, was die Anforderungen an die materiellsten Dinge sein sollten."[62] Das mentale Bewusstsein ist radikal unterschiedlich von einem spirituellen oder supramentalen Bewusstsein. Das Mental gestaltet und organisiert die Dinge so gut es das eben vermag, doch die Gestaltungen des Mentals, so erklärt es die Mutter, tendieren dazu, zu verkrusten und zu veralten. Ein spirituelles Bewusstsein ist, im Gegensatz dazu, flexibel und passt sich schrittweise den veränderten Notwendigkeiten an.

In den frühen Jahren Aurovilles, so verfügte es die Mutter explizit, „werden keine Regeln oder Gesetze festgelegt. Die Dinge werden eine Form bekommen, während die der Stadt zugrundeliegende Wahrheit erkennbar wird und zunehmend Gestalt annimmt.[63]

Die ideale politische Organisation Aurovilles nennt die Mutter „göttliche Anarchie" und erklärt „der anarchische Zustand ist die Selbstherrschaft eines jeden Individuums und er wird die perfekte Herrschaftsform erst dann sein, wenn jeder Einzelne sich des inneren Göttlichen bewusst wird und nur ihm und ihm allein gehorcht."[64] Das innere Göttliche, auf das sich die Mutter bezieht, ist das psychische Wesen, die Kraft der Seele zur Selbstentwicklung, und wenn sich die Menschen ihrer bewusst sind, dann können sie „sich selbst spontan organisieren, ohne festgelegte Regeln und Gesetze."[65] Solch eine ideale Organisation, in der die Menschen ihres psychischen Wesens bewusst sind und gemäß der supramentalen Wahrheit

---

62 Mother's Agenda, Band 9: 108.
63 ibid., Band 8: 450.
64 ibid., Band 11: 76.
65 Collected Works of the Mother, Band 13: 224.

leben, würde automatisch zu einer natürlichen hierarchischen Harmonie führen, in der jedermann seinen Platz finden würde. Das Resultat wäre eine integrale Einheit, in der Individualität und Diversität nicht unterdrückt würden. Die Mutter gab immer wieder ihrem Vertrauen Ausdruck, dass das spirituelle Bewusstsein die Dinge auf seine eigene Art und Weise ausarbeiten würde. Sie stellte sich vor, dass eine kleine Gruppe mit „intuitiver Intelligenz" (Menschen mit einer „Intuition, die sich intellektuell manifestiert")[66] Auroville leiten würde. Sie sprach von einer „hierarchischen Organisation, die sich um das am meisten erleuchtete Zentrum gruppiert und sich selbst einer kollektiven Disziplin unterwirft."[67] In einem Text mit dem Titel „Ein Traum" erklärte sie weiter: „In der allgemeinen Organisation wird sich intellektuelle, moralische und spirituelle Überlegenheit nicht durch die Maximierung von Vergnügungen und Macht im Leben ausdrücken, sondern durch einen Zuwachs an Pflichten und Verantwortlichkeiten."[68]

Verwaltung: Die Gegenwärtige Realität
Die heutige Realität Aurovilles stellt sich recht verschieden von der spirituellen Organisation dar, die die Mutter gefordert hatte, da offenbar kein Aurovilianer diese größere spirituelle Autorität besitzt. Seit 1988 hat Auroville, durch ein vom indischen Parlament verabschiedetes Gesetz, den legalen Status einer Stiftung. Es gab ein Ringen um den legalen Besitz und die Verwaltung Aurovilles, nachdem die Mutter 1973 gestorben war. Diese Angelegenheit wurde schließlich dadurch gelöst, dass das indische Parlament bestätigte, dass niemand Eigentumsrechte über Auroville beanspruchen kann, da seine Charta besagt, dass

---

66 Mother's Agenda, Band 9: 101.
67 Collected Works of the Mother, Band 13: 204.
68 ibid., Band 12: 94.

es „der Menschheit gehört."

Die *Auroville Foundation* [Auroville Stiftung] wurde ins Leben gerufen, um zu gewährleisten, dass die Ideale der Auroville Charta die Leitprinzipien für seine Verwirklichung bleiben. Die *Auroville Foundation* ist eine dreigliedrige Organisation, bestehend aus der *Residents' Assembly* von Auroville [Vollversammlung aller Bewohner über 18], einem *International Advisory Council* [internationales Beratergremium, von der indischen Regierung ernannt] und einem *Governing Board* [Verwaltungsrat, von der indischen Regierung ernannt]. Das *Governing Board* der *Auroville Foundation* steht mit der *Residents' Assembly* von Auroville durch das von letzterer gewählte *Working Committee* [Arbeitsausschuss für alle offiziellen Belange] in Verbindung.

Für alle praktischen Belange wird der *Residents' Assembly* die volle Freiheit gewährt, ihre Verwaltung auf jede von ihr gewählte Art und Weise zu organisieren. Gegenwärtig wird Auroville in den wichtigsten Arbeitsfeldern durch eine Anzahl von Arbeitsgruppen geleitet, die wiederum durch einen gemeinschaftlichen Prozess von den Bewohnern ins Amt gewählt werden.

Die Arbeitsgruppen bestehen in ihrer internen organisatorischen Struktur zumeist aus gleichgestellten Mitarbeitern, wie die *Entry Group* [entscheidet über die Aufnahme neuer Aurovilianer], die *Housing Group* [organisiert die Schaffung und Verteilung von Wohnraum], das *Budget Coordination Committee* [Gremium, das über die Verteilung des gemeinschaftlichen Budgets entscheidet], das *Working Committee* [s.o.], der *Auroville Council* [koordiniert die Arbeit der Arbeitsgruppen, hilft bei internen Konflikten], der *Town Development Council* [Stadtplanungs- und Stadtentwicklungsgremium] und das *Funds and Assets Management Committee* [verwaltet die gemeinschaftlichen Güter und organisiert die wirtschaftlichen Strukturen]. Es zeigt jedoch die Erfahrung, dass interne Gruppenprozesse ohne eine effektive Hierarchie unendlich langsam sein können. Paradoxerweise gibt es jedoch eine Hierarchie unter den Arbeitsgruppen, wobei das

Working Committee und das *Funds and Assets Management Committee* eine Spitzenposition einnehmen und bei vielen Angelegenheiten nicht selten das letzte Wort haben. Angesichts der Abwesenheit von Gesetzen basiert die Leitung und Verwaltung zunehmend auf einer Reihe von Richtlinien und Grundsätzen, die von der Gemeinschaft aufgestellt wurden. Die Leitung hängt jedoch vom guten Willen und der Kooperation der Bewohner ab, denn es gibt praktisch keine kollektiven Strukturen, um Entscheidungen durchzusetzen. Entscheidungsprozesse verlaufen oftmals schleppend und mühsam, da man versucht, unterschiedliche Standpunkte miteinander in Einklang zu bringen und zu einem Konsens zu kommen. Wenn kein Konsens erzielt werden kann, entscheiden die Stimmen der Mehrheit (üblicherweise eine Zweidrittel-Mehrheit). Die Herausforderungen für eine kleine Gemeinschaft, in der beide Seiten einander persönlich kennen, die „Verwalter" und die „Verwalteten", sind mannigfaltig. Weitere Schwierigkeiten entstehen dadurch, dass es zu wenige kompetente Menschen gibt, die in Vollzeit für Leitungspositionen zur Verfügung stehen. Sie entstehen auch durch unzureichende institutionelle Mechanismen, die sicherstellen würden, dass in jeder Arbeitsgruppe ausreichende Kontinuität herrscht, sowie durch eine wachsende Anzahl von Kontrollmechanismen im System, die zum Ziel haben zu gewährleisten, dass alle Bewohner die Grundprinzipien Aurovilles achten. Zugegebenermaßen ist es eine ziemlich große Herausforderung, eine ständig wachsende und sich wandelnde Gemeinschaft zu verwalten, die dazu noch große Unterschiede im kulturellen Verständnis und in den wirtschaftlichen Verhältnissen aufweist. Die Bewohner Aurovilles experimentieren in regelmäßigen Abständen mit verschiedenen Organisationsformen, in dem Versuch, die Vision der Mutter und das Ideal Aurovilles besser zu manifestieren. Zum gegenwärtigen Zeitpunkt gewinnt man jedoch den Eindruck, dass der anarchische Geist fehlt, der in den frühen Jahren Aurovilles noch vorhanden war. Im Lauf der Entwicklung menschlicher Gemeinschaften findet man jedoch immer wieder, dass es, sobald eine Gesellschaft wächst, eine zunehmende Arbeitsteilung gibt, die wiederum von einer ansteigenden Komplexität an Verwaltungsrichtlinien und Verwaltungsinstitutionen begleitet wird.

Die ideale Ökonomie

Das Ziel seiner [einer spirituellen Gesellschaft] Ökonomie würde nicht darin bestehen, eine riesige Produktionsmaschine zu erschaffen, egal ob von der konkurrierenden oder kooperierenden Sorte, sondern darin, den Menschen – nicht nur einigen, sondern allen Menschen, und zwar jedem im höchsten ihm möglichen Maße – die Freude an der Arbeit gemäß seiner eigenen Natur zu geben und Freizeit, um innerlich zu wachsen, sowie ein in aller Einfachheit reiches und schönes Leben für alle.

Sri Aurobindo

In der von Sri Aurobindo und der Mutter vorhergesehenen spirituellen Gesellschaft wird die Ökonomie – die Maßnahmen und Wege, um Güter zu produzieren und sie zu verteilen – in spirituellen Größen gemessen statt in materiellen Bedürfnissen. Sie sahen den letztendlichen Untergang sowohl des Kommunismus als auch des Kapitalismus voraus und erklärten, Geld sei eine Kraft des Göttlichen. Menschen im Besitz von Reichtümern sollten sich idealerweise als Treuhänder betrachten, denen die Aufgabe übertragen wurde, Geld für die Zwecke des Göttlichen einzusetzen. Die Mutter unterstrich, dass sowohl Erbrechte als auch Zugewinne durch Kapitalzinsen nicht das sind, was sein sollte. Sie erklärte, dass „Geld nicht dazu da ist, Geld zu erzeugen. ... Geld ist dazu da, die Erde darauf vorzubereiten, die neue Schöpfung zu manifestieren."[69] In „Ein Traum" führt die Mutter Folgendes zur idealen Ökonomie aus:

An diesem idealen Ort wäre Geld nicht länger der höchste Herr. Individuelle Werte würden viel größere Bedeutung haben als materieller Reichtum und soziale Position. Arbeit wäre dort nicht länger ein Mittel, seinen Lebensunterhalt zu verdienen, sondern sie wäre ein Mittel, sich selbst auszudrücken und die eigenen Kapazitäten und Fähigkeiten zu entwickeln, während man zugleich dem Wohl der ganzen Gemeinschaft dient, die ihrerseits für jedermann Lebensunterhalt und Arbeitsbereich zur Verfügung stellt. Kurz gesagt, es wäre ein Ort, an dem menschliche Beziehungen, die normalerweise fast ausschließlich auf Wettbewerb und Kampf gegründet sind, abgelöst würden durch Beziehungen des Nacheiferns und Strebens, der Zusammenarbeit und der wahren Brüderlichkeit.[70]

Für Auroville wünschte die Mutter, dass Geld als Austauschmittel nur mit der Außenwelt eingesetzt werden sollte. Innerhalb Aurovilles wollte sie statt Geldaustausch ein flexibles System haben, in dem die Bewohner keine Steuern zahlen müssten, sondern freiwillig „zum Gemeinwohl mit Arbeit, Naturalien oder Geld beitragen" würden, während sie im Gegenzug ihre Grundbedürfnisse durch die Gemeinschaft abgesichert bekämen. Die Mutter unterschied zwischen Grundbedürfnissen und Begehrlichkeiten und erklärte, dass ein spiritueller Sucher nicht von seinem Ego und seinen Begierden aus agieren sollte und dass die materiellen Bedürfnisse mit dem

---

69 Mother's Agenda, Band 10: 331.
70 ibid., Band 8: 450.

Anwachsen des spirituellen Bewusstseins abnehmen würden. Bereits zu Aurovilles Anfangszeiten hat die Mutter ein kollektives Verteilungssystem errichtet, das die Dinge des Grundbedarfs an die Aurovilianer verteilte, ähnlich dem System, das sie zuvor im Ashram aufgebaut hatte.

Die Mutter legte auch fest, dass alle Aurovilianer fünf Stunden täglich für Gemeinschaftszwecke arbeiten sollten. Idealerweise wird Arbeit in Auroville im Geiste des Karma Yoga verrichtet, das heißt als Darbringung an das Göttliche. Immer wieder betonte die Mutter die überragende Wichtigkeit des Karma Yoga in Auroville, da man diese Welt allein durch eine bewusste Auseinandersetzung mit der materiellen Welt transformieren kann.

Aurovilles Gemeinschaftsökonomie ist meilenweit entfernt von der kommerzialisierten Gesellschaft des Mainstreams, die sämtliche Transaktionen in Geld umzuwandeln sucht. Außerhalb Aurovilles, in einer etablierten Gesellschaft, die auf kapitalistischen, patriarchalen Gegebenheiten fußt, werden einige Arbeitsformen, wie Arbeiten im Haushalt, massiv unterbezahlt, während Dienste im Bereich der Informationstechnologie hoch dotiert sind. In Auroville wird angestrebt, dass alle Art von Arbeit gleich gewertet wird. In den fünf Jahrzehnten seiner Existenz hat Auroville mit einer ganzen Reihe verschiedener Wirtschaftsmodelle experimentiert und tut das weiterhin. Es werden sowohl individuelle wie gemeinschaftliche Unternehmensansätze gefördert. Betriebe sind angehalten, ein Drittel ihrer Profite in einen Gemeinschaftsfonds zu geben. Dieser Gemeinschaftsfonds unterstützt viele gemeinschaftliche Dienste, darunter die Schulen, teilweise oder ganz. Und doch ist die Situation alles andere als ideal. So gibt es zum Beispiel ungefähr dreimal so viele bezahlte Angestellte in Auroville wie Bewohner, ganz im Gegensatz zu dem, was die Mutter verfügt hatte. Und da Auroville noch nicht die sich selbst unterhaltende Stadt ist, die die Mutter erhofft hatte, ist seine ökonomische

Basis untrennbar mit der regionalen, nationalen und globalen Wirtschaft verbunden.

Niemals endende Erziehung

An diesem Ort könnten Kinder in umfassender Weise wachsen und sich entfalten, ohne den Kontakt mit ihrer Seele zu verlieren; Erziehung wäre dazu da, ... vorhandene Fähigkeiten zu fördern und neue hervorzubringen.

Die Mutter

Aurovilles Charta verkündet, es werde der Ort einer „niemals endenden Erziehung" sein. Dementsprechend ist das Leben in Auroville eine konstante Lernerfahrung, *für Jung und Alt* gleichermaßen. Die Mutter glaubte nicht an formale Erziehungssysteme, die auf das Bestehen von Examina und das Erlangen von Zertifikaten ausgerichtet sind. Wie in der Schule, die sie im Ashram gegründet hatte, wollte sie auch für Auroville ein Erziehungssystem des „freien Fortschritts", welchen sie so definierte: „Ein Fortschritt, der von der Seele geleitet und nicht Gewohnheiten, Konventionen oder vorgefertigten Ideen unterworfen ist."[71] Die Gründe für ein derartiges Erziehungssystem liegen in der Überzeugung, dass „dem Mental nichts beigebracht werden kann, was nicht bereits als potenzielles Wissen in der sich entfaltenden Seele des Wesens verborgen war."[72] In der Hoffnung, Kinder aufwachsen zu lassen, die einen bewussten Kontakt mit ihrer Seele entwickeln und behalten würden, gewährte die Mutter den Schülern der Ashramschule eine immense Freiheit in der Auswahl ihres Stundenplans. In einer Anweisung an die Lehrer der Ashramschule sagte sie: „Man muss dem Schüler helfen,

---

71 Mother's Agenda, Band 10 : 170.
72 SY: 54

so weit wie möglich das zu werden, was er sein kann und sein möchte – denn wenn seine Seele auch mehr oder weniger seine Lebensbestimmung gewählt hat, so ist doch das, was er daraus macht, in keiner Weise vorherbestimmt. Das Kind ist nicht nur ein zu trainierendes Mental, sondern ein Bewusstsein, dem man helfen muss zu wachsen und sich zu weiten."[73]

Eine integrale Erziehung, die die physische, vitale, mentale und psychische (spirituelle) Entwicklung der menschlichen Persönlichkeit fördert, wird den Schülern der Ashramschule geboten. Und während den Schülern Freiheit in der Auswahl ihrer Lernthemen gewährt wird, ist doch Disziplin gefordert beim Verfolgen ihrer gewählten Themen. Statt angelerntes mentales Wissen zu vermitteln, liegt der Fokus auf der Vervollkommnung des Körpers, auf dem Verfeinern der Sinne durch die Künste, auf der Entwicklung des Willens und dem Trainieren des Mentals zu größerer Konzentrationsfähigkeit.

Diese Erziehungsprinzipien, die die Mutter für die Ashramschule festschrieb, dienen als allgemeine Richtlinien auch für Auroville. Die Mutter gab den Schulen in Auroville Namen, die ihren Erziehungsansatz widerspiegeln: *Last School, After School, Super School* und *No School*. In ihrer mannigfaltigen Geschichte hat die Erziehung in Auroville verschiedene Formen erlebt, von der vollständigen Verbannung von Schulen bis hin zu formalen und nicht-formalen Systemen, einschließlich Heimunterricht. Heute herrscht eine Flexibilität innerhalb des Systems und jedem Schüler wird individuelle Aufmerksamkeit zuteil, auch wenn die meisten Schulen Aurovilles zu einem eher formalisierten Herangehen mit festen Klassen oder Altersstufen tendieren. Neben Krippen und Kindergärten gibt es eine Grundschule mit Namen *Transition School* sowie zwei weiterführende Schulen: *Last School* und *Future School*. Eine *Universität der Menschlichen Einheit* befindet sich noch in den ersten Entwicklungsstadien.

---

73 Collected Works of the Mother, Band 12: 117.

Neben diesen formalen Erziehungseinrichtungen gibt es eine Fülle an weiteren Unterrichtsangeboten, Programmen und Workshops aller Art, veranstaltet von verschiedenen Institutionen Aurovilles, die sich an den Lernbedarf von Erwachsenen richten. Eine dieser Institutionen, *Savitri Bhavan*, bietet regelmäßige Unterrichtseinheiten zum Integralen Yoga an.

Auroville als Experiment

Auroville ist ein Experiment in kollektiver Verwirklichung.
Die Mutter

Die Mutter spricht von Auroville oftmals mit transzendentaler Begrifflichkeit, zum Beispiel, wenn sie erklärt, dass die Gründung dieser Stadt ein göttlicher Befehl war und dass die Stadt bereits auf einer okkulten Ebene existiert. Sie spricht von der göttlichen Kraft, die Auroville in ganz besonderer Weise hilft, indem sie auf seine Bewohner einen ständigen Druck ausübt. Die Mutter versichert auch, dass das ideale Auroville eines Tages auf Erden manifestiert sein wird, auch wenn es hundert oder sogar tausend Jahre braucht. In einer aufgezeichneten Unterhaltung baut sie *überhaupt nicht auf* die menschliche Kraft, wenn sie sagt: „Sie [die Stadt] wird von dem gebaut werden, was für euch unsichtbar ist. Die Menschen, die als Instrumente dienen, werden das trotz ihrer selbst tun. Sie sind nur Marionetten in den Händen größerer Kräfte. Nichts hängt von den Menschen ab – weder das Planen noch das Ausführen – nichts!"[74] An anderer Stelle gesteht sie jedoch ein, dass sich „in den Details der Ausführung das menschliche Bewusstsein einmischt."[75] Vielleicht muss man vor allem im Gedächtnis behalten, dass die Mutter in zahlreichen

---

74 MoA: 13.
75 Collected Works of the Mother, Band 12: 248.

Gesprächen von Auroville als von einem Experiment spricht, das als Katalysator dienen kann, um die irdische Evolution vom Mentalen zum Supramentalen zu beschleunigen. Man kann nur mutmaßen, inwieweit die heutige Realität Aurovilles die weitreichende Vision Sri Aurobindos und der Mutter von der menschlichen Einheit und der Transformation der Welt verkörpert. Auch wenn wir eine transpersonale Sicht der Realität akzeptierten, wäre es für unseren begrenzten rationalen Verstand unmöglich, die Gültigkeit von Sri Aurobindos Vision abzuwägen oder zu bemessen, inwieweit Auroville jene Vision manifestiert. Einerseits ist Auroville mit seiner unglaublichen Vielfalt das größte und tatsächlich einzige Experiment seiner Art auf der Welt. Andererseits tendieren gewisse Entwicklungen des gegenwärtigen Auroville dazu, der Vision der Mutter zu widersprechen. Zum Beispiel stehen Aspekte der Präsenz der indischen Regierung in Auroville sowie Aurovilles überwältigende Abhängigkeit von etwa 5000 bezahlten Arbeitskräften nicht im Einklang mit den Idealen der Mutter. Auch ist die Stadt zu einer Touristenattraktion mit mehr als 90 000 Besuchern im Jahr geworden. In den angenehmen Wintermonaten sind etwa ein Drittel der sich in Auroville aufhaltenden Menschen Besucher. Derartige Entwicklungen können als problematisch betrachtet werden, da die Mutter ausdrücklich davor warnt, dass Auroville zu viel Kontakt mit der Außenwelt hat. Sie spricht vom immensen Bedarf an göttlichem Schutz, um „Infiltration und Vermischung" in Grenzen zu halten und um zu verhindern, dass der „Nukleus [der Stadt] zurückfällt auf eine minderwertige Schöpfung."[76]

In diesem Zusammenhang sollte man bedenken, dass sowohl Sri Aurobindo als auch die Mutter wiederholt sagten, dass die supramentale Kraft die Dinge auf ihre eigene Weise ausarbeiten würde und auf Wegen, die sie nicht zur Gänze

---

76 Mother's Agenda, Band 2: 270.

voraussagen könnten. Die Bedingungen auf der Erde haben sich seit den Anfängen Aurovilles definitiv geändert. Die letzten fünf Dekaden haben das Ende des Kalten Krieges und den Aufstieg neuer Wirtschaftskräfte gesehen. Die erbarmungslosen Kräfte des globalen Kapitalismus und der Informationstechnologien gestalten die Welt mit einer nie zuvor gekannten Schnelligkeit um. Und am wichtigsten ist vielleicht, dass anhaltende planetare Entwicklungen die Bedeutung der gesamten menschlichen Bemühungen infrage stellen, insbesondere der Klimawandel und das sechste massive Artensterben.

Bei derartigen das Gesicht der Erde prägenden Kräften am Werk mag man sich fragen, was eine kleine Gemeinschaft, eine bunt zusammengewürfelte internationale Gemeinschaft in Südindien zur gesamten menschlichen Entwicklung und Evolution beitragen kann.

Die Vision von Auroville und sein dynamischer Geist zieht weiterhin Menschen an, man mag jedoch fragen, ob die heutige Realität Aurovilles tatsächlich auf einzigartige Weise an der Spitze der Evolution steht. In mancherlei Hinsicht scheint Auroville hinter den Innovationen hinterherzuhinken, denn neue Formen des Ausdrucks, neue Arbeits- und Organisationsformen sieht man *überall auf der Erde entstehen. Die Aurovilianer sind sich d*ieser Kluft zwischen der Vision und der Realität sehr genau bewusst. In ihrem Bemühen, diesen Spalt zu schließen, experimentieren sie immer wieder mit verschiedenen kollektiven Strukturen. Die meisten Aurovilianer beschäftigen sich gleichzeitig mit ihrer inneren spirituellen Suche, in der Überzeugung, dass das innere Bewusstsein die äußere Manifestation der Stadt formt. Vielleicht liegt hier auch die Herausforderung und das Versprechen Aurovilles: Die Stadt wird von innen heraus gebaut.

In Anbetracht der Aussage der Mutter, dass es gut tausend Jahre dauern könnte, bis sich ein ideales Auroville manifestiert, ist es nach nur fünfzig Jahren vermutlich verfrüht, den Erfolg Aurovilles in Hinblick auf seine evolutionäre Triebkraft

Papierschmetterlinge im Jugendzentrum, Auroville

zu messen. Außerdem ist Aurovilles Entwicklung mit dem evolutionären Schwung des Planeten eng verbunden. Wie es Sri Aurobindo ausdrückt:

Bei der gegenwärtigen Moralität der menschlichen Spezies ist eine tragfähige, dauerhafte menschliche Einheit noch nicht möglich; aber es gibt keinen Grund, warum eine einstweilige Annäherung daran nicht die Belohnung für ein energisches Streben und unermüdliches Bemühen sein sollte. Durch ständige Annäherungen sowie durch partielle Realisierungen und vorübergehende Erfolge schreitet die Natur voran.[77]

Solche Worte ermutigen die Aurovilianer, bei diesem Experiment in menschlicher Einheit durchzuhalten, trotz aller inneren und äußeren Herausforderungen, denen sie sich gegenübersehen. Für die meisten Aurovilianer gibt der Integrale Yoga ihrem menschlichen Streben Bedeutung und ihrem persönlichen und kollektiven Leben eine neue, zielgerichtete Perspektive. Die lebendige Realität Aurovilles wiederum inspiriert weiterhin viele Individuen und Gruppen auf der ganzen Welt.

---

77 Essays Divine and Human, 467.

International Publications

Auroville Architecture
by Franz Fassbender

Auroville Form Style and Design
by Franz Fassbender

Landscapes and Gardens of Auroville
by Franz Fassbender

Inauguration of Auroville
by Franz Fassbender

Auroville in a Nutshell
by Tim Wrey

Death doesn't exist
The Mother on Death, Sri Aurobindo on Rebirth
Compiled by Franz Fassbender

Divine Love
Compiled by Franz Fassbender

Five Dream
by Sri Aurobindo

A Vision
Compiled by Franz Fassbender

Passage to More than India
by Dick Batstone

The Mother on Japan
Compiled by Franz Fassbender

Children of Change: A Spiritual Pilgrimage
by Amrit (Howard Shoji Iriyama)

Memories of Auroville - told by early Aurovilians
by Janet Feran

The Journeying Years
by Dianna Bowler

Auroville Reflected
by Bindu Mohanty

Finding the Psychic Being
by Loretta Shartsis

The Teachings of Flowers
The Life and Work of the Mother of the Sri Aurobindo Ashram
by Loretta Shartsis

The Supramental Transformation
by Loretta Shartsis

**The Mother's Yoga - 1956-1973 (English & French)
Vol. 1, 1956-1967 & Vol. 2, 1968-1973**
by Loretta Shartsis

Antithesis of Yoga
by Jocelyn Janaka

Bougainvilleas PROTECTION
by Narad (Richard Eggenberger), Nilisha Mehta

Crossroad The New Humanity
by Paulette Hadnagy

Die Praxis Des Integralen Yoga
by M. P. Pandit

The Way of the Sunlit Path
by William Sullivan

Wildlife great and small of India's Coromandel
by Tim Wrey

A New Education With A Soul
by Marguerite Smithwhite

Featured Titles

Divine Love

The texts presented in this book are selected from the Mother and Sri Aurobindo.
"Awakened to the meaning of my heart. That to feel love and oneness is to live. And this the magic of our golden change, is all the truth I know or seek, O sage."

Sri Aurobindo, Savitri, Book XII, Epilog

A Vision by the Mother

On 28th May 1958, the Mother recounted a vision she once had of a wonderful Being of Love and Consciousness, emanated from the Supreme Origin and projected directly into the Inconscient so that the creation would gradually awaken to the Supramental Consciousness. The Mother's account of this vision was brought out a first time in November 1906, in the Revue Cosmique, a monthly review published in Paris.

A Dream – Aims and Ideals of Auroville
the Mother on Auroville

50 years of Auroville from 28.02.1968 - 28.02.2018
Today, information about Auroville is abundant. Many people try to make meaning out of Auroville – about its conception, to what direction should we grow towards, and, what are we doing here?

But what was Mother's original Dream and what was her Vision for Auroville back then?

Matrimandir Talks by the Mother

This book presents most of Mother's Matrimandir talks, including how she conceived the idea for this special concentration and meditation building in Auroville.

Memories of Auroville - Told by early Aurovilians

Memories of Auroville is a book about the very early days of Auroville based on interviews made in 1997 with Aurovilians who lived here between 1968 and 1973. The interviews presented in this book are part of a history program for newcomers that I had created with my friend, Philip Melville in 1997. The plan was to divide Auroville's history into different eras and then interview Aurovilians according to their area of knowledge. Our first section would cover the years from 1968 till 1973 when the Mother was still in her physical body.

The Way of the Sunlit Path

May The Way of the Sunlit Path be a convenient guide for activating this ancient truth as a support for a Conscious Evolution.
May it illumine the transformation offered to us in the Integral Yoga.

A Dream Takes Shape (in English, French, Hindi)

A comprehensive brochure on the international township of Auroville in, ranging from its Charter and "Why Auroville?" to the plan of the township, the central Matrimandir, the national pavilions and residences, to working groups, the economy, making visits, how to join, its relationship to the Sri Aurobindo Ashram, and its key role in the future of the world. This brochure endeavours to highlight how The Mother envisioned Auroville from its inception, some of the major achievements realised over the years, and some of the difficulties currently faced in implementing the guidelines which she gave.

Mother on Japan

I had everything to learn in Japan. For four years, from an artistic point of view, I lived from wonder to wonder. And everything in this city, in this country, from beginning to end, gives you the impression of impermanence, of the unexpected, the exceptional... ...everything in this city, in this country, from beginning to end, gives you the impression of impermanence, of the unexpected, the exceptional. You always come to things you did not expect; you want to find them again and they are lost – they have made something else which is equally charming.

Auroville Reflected

On 28 February 1968, on an impoverished plateau on the Coromandel Coast of South India, about 4,000 people from around the world gathered for a most unusual inauguration. Handfuls of soil from the countries of the world were mixed together as a symbol of human unity. Why did Indira Gandhi, the erstwhile Prime Minister of India, support this development for "a city the earth needs?" Why did UNESCO endorse this project? Why does the Dalai Lama continue to be involved in the project? What led anthropologist Margaret Mead to insist that records must be kept of its progress? Why did both historian William Irwin Thompson and United Nations representative Robert Muller note that this social experiment may be a breakthrough for humanity even as critics commented, "it is an impossible dream"?

A House For the Third Millennium
Essays on Matrimandir

Nightwatch at the Matrimandir...
A cosmic spectacle; the black expanse above, the big black crater of Matrimandir's excavation carved deep into the soil. The four pillars - two of which are completed and the other two nearing completion - are four huge ships coming together from the four corners of the earth to meet at this pro propitious spot...

Passage to More than India

This book is a voyage of discovery. In 1959 the author, Dick Batstone, a classically educated bookseller in England, with a Christian background, comes across a life of the great Indian polymath Sri Aurobindo, though a series of apparently fortuitous circumstances. A meeting in Durham, England, leads him to a determination to get to the Sri Aurobindo Ashram in Pondicherry, a former French territory south of Madras.

www.ingramcontent.com/pod-product-compliance
Lightning Source LLC
LaVergne TN
LVHW021302080526
838199LV00090B/5994